中国式管理
袖珍版

曾仕强 ◎ 著

北京联合出版公司
Beijing United Publishing Co.,Ltd.

图书在版编目（CIP）数据

中国式管理：袖珍版/曾仕强著．—北京：北京联合出版公司，2021.5
ISBN 978-7-5596-4996-6

Ⅰ.①中… Ⅱ.①曾… Ⅲ.①企业管理—中国—Ⅳ.①F279.23

中国版本图书馆 CIP 数据核字（2021）第049101号

中国式管理：袖珍版

作　　者：曾仕强
选题策划：北京时代光华图书有限公司
责任编辑：高霁月
特约编辑：高志红
封面设计：新艺书文化

北京联合出版公司出版
（北京市西城区德外大街83号楼9层　100088）
北京时代光华图书有限公司发行
天津市祥丰印务有限公司印刷　新华书店经销
字数120千字　880毫米×1230毫米　1/64　5印张
2021年5月第1版　2021年5月第1次印刷
ISBN 978-7-5596-4996-6
定价：58.00元

版权所有，侵权必究

未经许可，不得以任何方式复制或抄袭本书部分或全部内容
本书若有质量问题，请与本社图书销售中心联系调换。电话：010-82894445

序

  自古以来,当老板就很不容易。恐怕要潜心自修好几世,累积许多阴德,才有机会、够资格当老板。

  但是,当老板可能有两种完全不一样的结果,一为成事,一为败事。成事的老板,把事业创立起来,然后鸿图大展,还能够生生不息;败事的老板,则刚好相反,把员工带坏,浪费人家宝贵的人生,而且危害社会大众,破坏社会秩序,还要祸及后代!

当大老板更不容易,规模庞大,人员复杂,涉及的事务众多。若是要求赚钱、保持健康,留存好名声三方兼顾,那就更加困难。大老板的现代称呼,便是总裁,意思是总合而决裁之,可以做出最终的决定,没有人能够加以改变。

二十一世纪经济环境快速变化,企业目标模糊化,市场不明确,同时全球化与本土化产生矛盾,而资讯化的结果,更使得组织成员不容易建立共识。在这种情况下,有些总裁虽然把事业经营得十分成功,却把自己累坏了。失去健康,财富还有什么价值?

曾仕强

序于兴国管理学院

目录

第一章 管理的基本概念

管理是修己安人的历程	004
修己的要旨在自觉、自律与自主	007
安人的目的在于人安己安	015
用推、拖、拉来化解问题	022

第二章 随时调整的计划方式

边做边修改	035
以止、定、静、安、虑、得为过程	042

必须治标和治本并重	049
至诚可以前知	056
提出计划应该合理坚持	063

第三章 无为的执行过程

站在落实计划的立场来执行	075
认清计划的可变与不可变原则	081
发挥无为的领导精神	088
以团队精神来突破难关	095
检讨执行的缺失作为下次计划的参考	102
采取全面无形的控制	108

第四章 有效的考核要领

先建立"对并没有用"的考核标准	121
要求大家"在圆满中分是非"	127
抱持"救人而非杀人"的心态	134
采取"综合考虑"的原则	141
鼓励大家"反求诸己"	147

要诀在"明暗、大小兼顾并重"   154

第五章 圆满的沟通艺术

妥当性大于真实性	165
以不明言为基础	171
最好做到"会而不议"	176
用"议而不决"来达成一致	182
"决而不行"才能及时应变	188

第六章 圆通的领导风格

领导比管理更重要	199
通过核心班子好办事	206
凝聚员工的共识	213
防止小人当道	226
用情、理、法来领导最为合理	238
最高境界在于促使部属自动自发	245

第七章　合理的激励方式

随时随地都应该激励	262
先求忠诚再求能力	268
逐渐提升安、和、乐、利的层次	276
由安员工而安顾客	283
激励大家重视兼顾	291
情境配合激励大家随机应变	298

第一章

管理的基本概念

管理是修己安人的历程，修己的具体表现，在于促进组织成员的自觉、自律与自主。

推、拖、拉只是做事的一种方式，本身并没有好坏。完全看运用的人，动机是不是良好、方式是不是合理，才能决定效果是不是理想。

什么是管理？不应该也不可能有固定的答案，因为每一个人对管理的认知和体会各不相同。但是，一个人对管理的看法代表了这个人的价值观。我们提供的概念，列举如下：

管理是修己安人的历程。

一个人要管人之前，必须先把自己管好。

修己的要旨在自觉、自律与自主。

安人的诉求为：己安人也安。

采用合理的推、拖、拉来把问题化解掉，大化小，小化了，轻松愉快。

很多人以为中国人只重做人不重做事，或者先把人做好再谈把工作做好。其实不然，我们应该通过好好做人来把工作做好,必须做人做事兼顾并重,这才是良好的管理。

做好人本身的价值不高,能够把好事做出来,才有真正的贡献。有人才有事,有好人才能做好事,这是修己安人的深一层用意。

管理是修己安人的历程

管理是一种历程,起点是修己,而终点则是安人。

任何一个人都应该从自己做起,把自己修治好,再通过做人做事的具体表现来促进大家的安宁。

管理一方面讲求伦理道德,一方面追求管理效益。因为管理是外在的伦理,而伦理是内在的管理,两者密不可分。

在管理的历程中,通过好好做人把工作做好。在职场中修炼自己,逐渐提高层次,完成修、齐、治、平的人生任务。

"安"的结果是正面的,而"不安"所带来的则是负面的影响。"安"的时候,中国人积极而奋发,对准目标全力以赴,高高兴兴地接受成果评量,既照顾同年,礼待资深,也共享荣誉,大家乐在一起。"不安"的时候,对目标阳奉阴违,视成果评量为官样文章,同年不同年又有什么关系?怨自己都来不及,哪还分享、共享什么荣誉?

"安"的观念,长久以来影响着中国人。这个单字词含意甚深,必须用心体会才能明白它的用意。如果采用复字词来表示,名词多用"安宁",动词可用"安顿",而对管理来说,以"安人"为妥。

要"安人"必先"修己",不修己则无以安人。所以中国式管理,简单说,就是"修己安人的历程"。修己代表个人的修治，做好自律的工作。因为中国人一方面不喜欢被管，另一方面不喜欢被连自己都管不好的人管。不喜欢被管就应该自己管好自己，便是自律，也就是修己。不接受连自己都管不好的人的管，常常抱怨这种人管不好自己，还想来管人？表示每一个人在管人之前，必须先把自己管好，也就是需要自律。可见管理者和被管理者，通通应该修己。

修己安人看起来是伦理，同时也是管理。中国式管理的整个历程，充满了"伦理道德"的精神，以"彼此彼此"为原则，拿"圆满、圆融、圆通"做标准，各人立于不败之地，发挥推己及人的力量，分中有合，而合中又有分，谋求安居乐业，互敬、互惠，各得其安。

"修己"的意思是修造自己，而不是改变他人。有人花费太多的时间和精力去改变别人。这种错误的方向，浪费了很多管理成本。管理者若是一心一意想要改变员工,员工就会保持高度警觉,不是全力抗拒,便是表面伪装接受,实际上各有自己的看法。管理者不如先修己,用心改变自己,让员工受到良好的感应,自动地改变他们,更为快速有效。

用高压的政策要求员工改变,并不符合安人的要求,也就是不符合人性化管理,大家就会以不合理为理由加以抗拒。

管理者先求修己,感应被管理者也自动修己。双方面都修己,互动起来自然更加合理。人人自求合理,才是最有效的管理。

修己的要旨在自觉、自律与自主

修身、齐家、治国、平天下的一贯大道,为什么没有立业这一个重要的项目?这并不是古圣先贤的疏忽，更不是往昔经济不繁荣、各行各业不发达的缘故，而是透露出一种非常重要的信息。

发展事业，本身没有什么目的，必须在经营事业的过程中，完成修身、齐家、治国、平天下的人生使命，否则事业再发展，经营再有利，又有何用？管理既然是"修己安人的历程"，一切以修己为起点，那么修己就成为管理者的必备修养，不但不可等闲视之，而且不能只是口头上说说，实际上不重视。

修己、修己，修些什么呢？最主要的，莫过于下述三点。看似十分简单，却委实不容易做到。

第一，自觉。当别人对我们客气时，我们必须提高警觉，自动讲理。不管对方怎么说，我们自己要赶快衡情论理，表现出合理的态度和行为，以求合情合理。

做人最要紧的，固然是讲道理。但是理不易明，道理往往很难讲。有时候我们认为相当合理，对方却不以为然,认为我们并不讲理。这时候,对方会客气地提醒我们,希望用点到为止的方式来促使我们自行调整。

"没有关系",中国人说这句话的时候,多半含有"有关系"的意思在内。我们听到这一句客气话,马上要充分自觉,千万不要以为真的没有关系,而应该依据一定有关系的标准来调整自己的态度和行为,对方才能以没有关系开始,也愉快地以没有关系来收场。

若是听到"没有关系"这类的客气话,便以为自己真的十分有福气,碰到一位没有关系的仁兄,那就是不够自觉,错将客气当作福气。结果呢?对方以没有关系开始,却以有关系结束,弄得彼此都不愉快。对方所持的道理,其实相当明显:"为什么我对你这么客气,你竟然那么不讲道理?遇到这种不知自觉的人,我真不知道应该采用什么方式来和你互动。"

中国人讲求"由情入理",便是喜欢采取"给足面子让他自动讲理"的途径,借由客气的口吻来点醒对方:"最好赶快清醒过来,自觉地讲理,以免闹得彼此都下不了台。"有了面子,赶快自动按照道理去做,叫作自觉;有了面子,误认为对方一点也不介意,不知道赶快调整自己,甚至得寸进尺,便是不自觉。

第二,自律。当我们不满意别人的表现时,不可以直接指责他,也不能立刻和他讲道理。最好先给他面子,用情来点醒他,使其自动讲理,合理地调整他的言行。

任何人都有糊涂的时候,不知不觉地表现出不合理的行为。对于这种无心的过失,如果马上加以指责,对方就会认为我们对他存有成见,明明是无意的,也要曲解成有意,可见已经有了偏见。居于彼此彼此的交互法则,反正你已经把我当作有心犯错的人,我就索性错到底,看你能把我怎么样。这种态度,虽然是一种恼羞成怒的不正常反应,但人就是人,往往克制不了自己。我们反省一下,毕竟是我们不够理智,一下子就把他看成恶意的人,这才引起他的恶意,我们自己其实也有相当的不是。

当一个人不够清醒、做出不正当的行为时,立即和他讲理,很容易引起他的自我防卫心理,居于"公说公有理,婆说婆有理"的"理不易明"说出一些歪理。然后又因为话已经说出口,不得不坚持以维持自己的面子,变得更加强词夺理。他这种反应,固然并不合理,但是我们在他心理上尚未准备好的时候,急着去和他讲道理,也应该负起相当的责任,因为是我们把他害成这个样子的。

我们希望别人由情入理,先给我们面子,再来诱导我们自动讲理。我们将心比心,必须了解别人也具有同样的期待,以满足顾全面子的需求。于是骂人之前,先把想要骂出来的话吞下去,改换一种方式，用"同情心"（现代有人害怕"情"字，改称为同理心，其实对中国人而言，两者是一样的。中华文化是世上少有的有情文化，中国人不应该怕情，不妨仍然称为同情心，更富有人情味）来化解对方的敌意，比较容易获得合理的结果。要和对方讲道理，不忘先给足面子，这是中国人有情的表现，至为珍贵，不要轻易忘掉。

处处克制自己，时时提醒自己，任何人都可能有糊涂的时候，不可以一下子就把他逼到死胡同里，使他没有自动改善的机会。这种态度称为自律，自己管制得恰到好处，可以减少许多无谓的麻烦，节省许多时间和精力。

第三，自主。随时提醒自己，必须以自动自发的精神，来维护自己的自主；一旦被动，处处依赖他人的指示，就会丧失自主的权利，成为一个不够资格自立的人。

人有自主性，可以自行决定要自动还是被动。

但是有心自动的人，仍然保有其自主性；若是选择被动，便要接受他人的支配和指使，逐渐丧失自主性。

我们所向往的，是自由自在的生活。如果不能自动自发，怎么谈得上自由自在？我们所盼望的，是安宁愉快的生活，若是不能自主，怎么获得安宁？愉快从何而生？人的尊严，寓于自主自立，假如丧失自主，不能自立，这个人的尊严不复存在，也是一种自作自受。

人都喜欢自动自发，只是不敢、不能或不愿意自动。不敢的原因，是每次自动都动得不够令人满意，惹来许多困扰；不能的原因，在于实力不足，自动起来，实在没有把握；而不愿意自动的原因，则在心有不平，认为自己受委屈，已经够倒霉了，为什么还要自动自发？

无论不敢、不能或不愿意自动，结果都是自己蒙受其害。因为不自动的结果，必然引发别人的他动。外来的压力越大,对自己越不利。

自动改变不敢自动的原因,也就是磨炼自己的功夫,使自己每自动必圆满,岂有不敢之理?自动消除不能自动的障碍,修炼自己的本事,使自己有足够的把握随时随地都能够恰到好处地自动,哪里有不能的道理?

自动自发才能自主,依赖他人,势必接受他人的指使,越来越不能自主,也就越来越对自己失去信心。中国人的自主性特别强,喜欢自作主张,更应该自动自发,以维护自己所重视的高度自主性。

自觉受人敬重必须自动讲理,自律并敬重他人应该给足面子,自主地提高自动自发的精神,便是修己的三大要领。

安人的目的在于人安己安

人生的最高目标在求得安宁,不得安宁的人生已经失去做人的价值。

修、齐、治、平的目的,无非为了个人、家庭、国家与世界的安宁。

站在修己安人的立场,计划是肯定今后几年如何安人,组织是聚合安人的力量,领导是发挥安人的潜力,而控制则是保证今后几年如何安人。所有管理措施,无一不与安人有关。

如果不能安人,修己不过是独善其身,谈不上管理。

管理是修己安人的历程,修己的具体表现,在于促进组织成员的自觉、自律与自主。通过员工的自主,企求人安己安,发挥管理的最大效能。

安或不安,有"生存"与"生活"两大层面。

生存受到威胁的时候，谈不上生活的需求；而生活不安，也得不到生存的乐趣。必须两个层面都获得相当程度的安宁，大家才会安居乐业，安心愉快地把工作做好。

安人的目的，在于"同心协力"，把组织成员的力量汇集起来，产生"和"的品质，达到"万事成"的效果。从"和"当中所发出的"合力"，才是真正的"同心"，组织成员好像一家人那样，自然"家和万事成"。

"和"是中国人的"整体"概念，就"量"的方面来看，把"部分"加起来，就成为"整体"；而从"质"的方面来考察，便发现"整体大于部分的总和"。

人与人之间，难免会有彼此不同的"差异性"，我们把它叫作"个别差异"。"差异"就是"不同"，君子"和"而"不同"，善于管理的人，能够把"不同"的心和力结合在一起，产生"和"的力量。小人"同"而"不和",不善于管理的人,只在表面上要求大家服从,似乎"同"到没有意见上的差异,却始终发挥不出"和"的实力,应该视为"不和"。

烹调的时候,用水来煮水,煮来煮去,还是"开水";弹琴的时候,总是重复一个音调,听起来必然单调乏味;同样的"人"群集在一起,如果大家一模一样,丝毫没有差异,我们辨识起来,势必十分困难。

用水煮蛋,可能煮出可口的蛋花汤;配合各种不同的音调,可能弹奏出动听的乐曲;不同的人聚集在一起,才有可能"和"成一个整体。

《荀子·王制篇》指出:"人何以能群?曰:分。"人的力量没有牛那么大,行走起来不像马那样快,而牛马反为人所用,主要是因为人能够合群,有"组织"的概念,而牛马则无。但是人为什么能够合群呢?答案是人有"分"的念头,知道彼此"不同",而非完全相同。

安人的基础,在人人自觉,各有其分,并且各守其分。只有"人人各守其分",才可能"大家和合为一"。

有"组织",便应该"分工"。分工事实上是一种"分",把每一个人的本分工作,翔实而明确地列举出来。这种"数量"上的分工,经常出现"许多三不管地带",难以达到"合作"的整体性。于是在列举各条本分工作之后,加上一条"其他",作为"性质"上的分工,使大家在心理上有充分的准备。任何三不管地带,都是人人有责的其他范围,必须机动调补,以维护"和合为一"的整体性。

分工之后,能合作人人都安,不能协力则大家都不安宁。所以荀子说:"分何以能行?曰:义。"义便是合理,怎样分工才能收到合作的效果呢?只有"合理"一途。

组织成员,分工分到合理的地步,依"其他"来互相支援,也做到合理的程度。合理就是"不过分",所以也是一种守"分"的表现。这样的分工协力,必然能够缔造良好的组织力,产生"和"的品质。

除了分工以外,中国人的"分",特别重视"位"的"区分",那就是亲疏、上下、尊卑、贵贱的不同。这种职位、地位的差异,构成了我们的伦理。

要求人安己安,必须重视伦理,形成分工之外的另一种守"分"。伦理可以看作"人与人之间的矛盾关系",这种关系必须维持相当程度的"和",也就是和谐,才能在"相反相成"中兴盛发达。

人类社会原本由许多具有"个别差异"的"个人"所组成,如果每个人都任由自己的个别差异发展,势必互相矛盾,甚至产生冲突。所以教育大家,鼓励人人都修己来缩小彼此的差异,建立共同的道德标准成为社会健全发展的必要措施。

这些修己有成的人聚集起来,加以合理的分工,在共同的目标下各自扮演不同的角色,则是在

"组织"的名分下，加上一些人为的矛盾，并且进一步求其"调和"，这就是管理历程中"安人"的功能。

管理的历程，着重在"同中求异，异中求同"，也就是"有矛盾时加以调和，没有矛盾时制造若干矛盾"，使相同的产生某些差异，而让差异的趋于相同。

中国人深知"没有矛盾，不可能产生变化；而没有变化，就不能进步"的道理，为求提升管理的效果，特重"职场伦理"，便是在工作场所中添加若干名分、地位的矛盾，并且把它们限制在"合理"的范围内，以求调"和"，增强"和合为一"的"安人"效果。

安人的目标是固定的，但安人的状况则是变动的，必须随着当时的人、事、地、物来衡量，采取不同的安人措施，才能见效。中国人被误认为"做事不讲原则""凡事三分钟热度"，其实是"有原则却必须权宜态度""一阵子不改变却无效果"的表现所引起的误解。

"安人"的原则不变,"安人的措施"必须随"时、空"而调整,以致变来变去,被曲解为"没有原则"。看不懂的人越来越多,正当的权宜应变也被嘲笑为没有原则,爱怎么样就怎么样,甚至被诋毁为"投机取巧",实在十分冤枉。

安人的措施一阵子不变又会产生不安,不调整不行,一调整又被指责为"三分钟热度",可见"看不懂的人,偏要讥笑内行人",这才是安人的最大障碍。

把部分加起来往往不等于整体,分工并不能收到合作的效果也是常见的事实。安人就是要把部分"和"起来,"合"成"一"个整体,而且促成"整体大于部分之和"的成果。通过"己安"和"人安",来合成"人安己安"的"和谐"。

希望组织同人"同心"协力,必须使大家对整体目标相当"关心"。而要使大家关心整体目标,又非让大家彼此"交心"不可。要求大家交心,第一步则是设法使大家"开心"。这样说来,安人的历程,便是"由开心而交心,借交心而共同关心,然后产生同心"的一连串"心"的变化,所以对中国人来说,管理是"心连心"的过程,而安人则是"心连心"的结果,应无疑义。

用推、拖、拉来化解问题

自古以来,中国人便知道以化解代替解决。以大事化小、小事化了的方式,化到没有事情可做,不但轻松愉快,而且不会产生后遗症。

化的功夫,具体的表现为合理的推、拖、拉。许多人由于功夫太差,一直不能达到合理的标准,因而痛恨推、拖、拉,实在是因噎废食、反应过度。

如果说中国人擅长打太极拳,那么中国式管理的基本精神,就是以打太极拳的方式来化解问题。

太极拳的动作,总括起来不外乎推、拖、拉的配合,组成各式花样,以求在动态中维持平衡而立于不败之地。

中国人化解问题的方法,其实也是推、拖、拉的配合运用,虚虚实实,真真假假,让人摸不着头脑。

长久以来,中国人一方面惯于使用推、拖、拉,另一方面却痛骂推、拖、拉为恶习。好像对自己和对别人采取不同的标准,希望对自己的推、拖、拉行为有所掩饰。

这究竟是什么原因呢?

说起来十分可笑,竟然是"由于西方人不懂得推、拖、拉的真正用意,把推、拖、拉看成不负责任、浪费时间、令人厌恶的动作",以致中国人也盲目跟着起哄，莫名其妙地痛恨推、拖、拉。

由于这个缘故，年轻人亲眼所见年纪大的人明明自己偏爱推、拖、拉，却一直指责推、拖、拉的害处，因而觉得年纪大的人不长进，不知洗心革面，斥之为"老贼"。

更加可怕的是，年轻人不推、不拖、不拉的结果，挨了闷棍，死都不知道自己是怎么死的，觉得十分冤枉，因而认为整个环境不够现代化，自以为是新新人类而不能自反自省。

首先，推、拖、拉的时候有没有用脑筋是问题的第一关键。对于习惯强调"一寸光阴一寸金"的中国人而言，不动脑筋的推、拖、拉，根本就是浪费时间，我们可以断定是一种错误的动作。善于推、拖、拉的人，是在利用这短暂的推、拖、拉时间充分地思考："我到底应该怎么办？"如果没有这么一推、一拖、一拉，连丝毫思考的时间都没有，实在太危险了。幸亏有这么一推、一拖、一拉，还不赶紧用来动脑筋、想办法,更待何时?这才是中国人既聪明又令人看不出来的招数。

其次,推、拖、拉的方向并不一定朝向别人,有时候也可以朝向自己。若是一味推给别人,有好处不留给自己,对得起自己吗?当然,有坏处都推给自己,不但自己不愿意,别人也会觉得很稀奇。所以推、拖、拉不一定朝向别人,也不一定朝向自己,而是推给最合理的人。有好处,归于最合理的人;有害处,同样由最合理的人来承担。这种合理的推、拖、拉,才合乎中国人所欢迎的中庸之道,无一事不合理,推、拖、拉到恰到好处,自然大家都喜欢。

第三,推、拖、拉可以缓和竞争的气氛,不会伤害感情。中国人太喜欢争,似乎无所不争。而且不争则已,一争就很容易不择手段,非争到你死我活不肯罢休。先哲有鉴于此,为了保存同胞的性命,也为了降低竞争的温度,这才开发出一种用推、拖、拉来争的"以让代争"模式。推、拖、拉看起来像让，实际上也是一种争。不过争得比较斯文、柔软而又缓和，对于容易情绪化的中国人来说，实在是一种保平安的做法。

上司交代部属一件新的工作，部属毫不推辞马上接受，上司就会觉得这位部属的工作负荷太轻，下次再把新的工作交付给他。如果还是不推、不拖、不拉，照样会给他增加新的工作，造成"软土深掘"的症状，对部属十分不利。万一工作做得不好，还会遭人议论："什么事情都敢承担，也不想想自己有多少能耐！"在同人眼中，这样的部属不是马屁精，存心讨好上司；便是爱出风头，为了表现不顾一切，反正都不受欢迎。

稍微推辞一下，一方面表示自己并不是闲得没有事做专门等新差事；另一方面让上司明白自己不争功劳的态度，以免增加上司的麻烦。然后利用这推辞的短暂时间，仔细想一想，这件新工作，由自己来承担合理吗?会不会引起同人的不满,会不会处理得不妥当,反而引起同人的批评?会不会让上司觉得原来自己一直在等待这样的工作,有什么不良的居心?

思考的结果,若是认为有比自己更为合适的同人,便应该把新工作推给他;如果自己确实比较合适,便可以"当仁不让",承接下来。不当仁,要礼让,免得做不好害了大家;苟当仁,便不让,再推下去就是不负责任,对不起大家。

对于那些大家不想承担的工作,只要稍微推辞一下便可以接受,否则有"存心让上司难堪"的嫌疑,或者变成"抬高自己的身份",那就更加不好。大家都希望承担的工作,应该多推辞几次,抱着"有人要做,我绝不争取;实在要我做,我才承接下来"的心态,以示君子坦荡荡,并无不良企图。这样的情况下,自然不至于明争暗斗,弄得大家情绪都不好。

推、拖、拉的出发点,仍然是"保护自己"。不引起人家的猜忌,不制造同人的误解,以免自己成为众人的箭靶,让上司好做事,可以给我做,也可以给别人做,只要合理就好。让同人有面子,至少我推来推去,绝没有"非我不可"的姿态,好像"大家都不行"似的,令人受不了。给同人面子才是保护自己的最佳途径,而让同人觉得"不是我争不到,是我让给他的",好像更有面子。可见推、拖、拉的价值不容忽视。

中国人最好不要厌恶推、拖、拉,因为舍此之外,找不到更合乎众人需求的方式;中国人也不应该喜欢推、拖、拉,因为推来推去,徒然浪费时间而一事无成,大家都深恶痛绝。中国人必须谨慎地、用心地"以推、拖、拉的方式来化解问题",唯有圆满化解问题,大家才会觉得推、拖、拉确实可爱。

同样的推、拖、拉,结果可能令人讨厌,也可能令人欣喜。因为中国人把"推、拖、拉到没有解决问题"称为"圆滑",这样的结果,人人都痛恨;把"推、拖、拉到把问题圆满化解掉"称为"圆通",这样的结果,当然人人都喜欢。中国人喜欢圆通,却非常痛恨圆滑,同样的推、拖、拉,可能产生不一样的结果,所以"运用之妙,存乎一心",诚心诚意地用心化解问题,仍然需要推、拖、拉的过程,既省力又减少阻碍,十分有效。

第二章

随时调整的计划方式

历代做大决策的人,都有一个共同的特质——"无知",如此才能求贤、寻贤、用贤而臻于大智大慧。

《大学》中的管理学思想,为我们明白地指出决策的过程,即为止、定、静、安、虑、得。

凡事以诚心诚意来考虑股东安不安、员工安不安、顾客安不安、社会大众安不安,那就是至诚,就可以预测未来的变化。

组织有了明确的目标,必须进一步做成具体可行的计划,以便有把握地处理现在的事情,使其顺利开创出预期的未来。

一般人利用目标来管理,称为目标管理。由于依据成果来衡量,所以也称为成果管理,已如前述。整个历程,从设立目标开始,订立计划,安排进度,以至有效完成工作,都需要相当人员的积极参与。所有成员在思想上、情绪上、感情上对工作的决定与处理,都有亲身介入的感受与认知,因而产生对组织的认同感、依附感、责任感,自愿贡献其才能,力求圆满达成组织的目标。从这个角度来看,也可以叫作参与管理(management by participation)(见

图 2-1）。

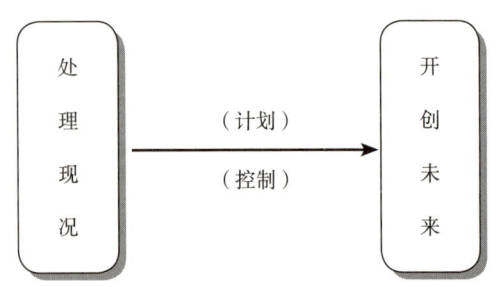

图 2-1 参与管理

中国人善变也知变,计划订立之后,仍然边做边修改。所以计划时大多确立方向,抓住要点,做出一些智慧型的决策,然后视实际情况,逐渐调整细节,以求落实。整个过程,以《大学》所说的止、定、静、安、虑、得为要领。每一阶段,都要找出不安的原因,再设法加以合理的调整。考虑时应该治标和治本并重,以免流于头痛医头、脚痛医脚,反而害了根本。

预测是需要的,至诚可以前知。退而求其次,用"安人"来推理。提出计划的人,若是居于至诚或责任感,都应该合理地坚持,大家才能体会到它的可信度。

中国人对未来的变化,大多深感兴趣,也十分用心在推测。我们对心想事成的道理,甚具信心。

未来是我们自己想出来的,中国人很重视未雨绸缪,凡事都要用心盘算,可见计划在中国式管理过程中居于十分重要的位置。

边做边修改

计划就是我们常说的盘算,是对于可预见的未来做出有条理、有系统的打算。中国人喜欢未雨绸缪，便提早在事情未发生之前好好盘算，用心打算。凡事求慎始，必须重视审慎的计划。

对于组织来说，计划就是对这个组织所要达成的目标，把组织的相关活动整合起来，使其有效地配合，以减少人力、物力的浪费，并且提高绩效，增加效益。

计划是决策的具体化，执行的时候，作为行动的依据。同时把执行的成果与计划的要求相比较，可以找出两者的差异性，进行控制性的调整。完成目标之后，也要依据原先订立计划的标准来评估达成的绩效，作为下一次改善的参考。

计划的种类，可以分别从特性、时间、组织、主题和要素等方面来加以区别，现说明如下：

1. 从特性分，有主要计划与次要计划，有弹性计划与固定计划，也有成文计划与不成文计划等。

2. 从时间分，有 1 年以下的短期计划、3～5 年的中期计划、10 年以上的长期计划等。

3.依组织分,有个人计划、部门计划以及团体计划等。

4.依主题分,有人事计划、行销计划、生产计划、财务计划等。

5.按要素分,有目标、政策、程序、方法等。

实施计划的时候,在心态上必须革除下述几种障碍,才能达到预期的效果。

第一,不可偏离组织的既定目标。一般来说,组织的目标必须正大光明。这并不是用来号召员工,欺骗大众,光是嘴巴说得好听的。因为若非如此,一旦经营绩效良好、营利所得很高的时候,经营者和员工都会出现不同程度的失落感。一方面搞不明白赚这么多钱有什么用;另一方面则怀疑人生的目的究竟是什么,人生的价值何在。中国人普遍认为赚钱不是经营企业的唯一目的,于是预先设防,不让自己产生这样的苦恼。目标正大光明,钱赚得越多越有成就感;目标只是为钱,固然可以满足私人的欲望，但是，钱赚得越多，就越容易产生失落感。计划的时候，必须针对这种可能的弊病，预先做好工作。

第二，不可以存心迎合上级的喜好。人们当然希望计划能够获得上级的同意和支持，但是不可以因此而存心讨好上级，以免忽略了合理性与可行性的考虑。我们可以在提出计划之前，设法事先和上级沟通，极力营造良好的气氛，使上级欣然同意并且大力支持，却不能用讨好的方式，诱使上司做出不合理的决定。这会对将来计划的执行，以及计划执行的效果产生不良影响。那时候上级发觉原来如此，必然对计划者丧失信心，以后再提其他计划，上级一律不愿接受，反而害了自己。计划时应仍然以合理性和可行性为主要原则，然后再设想各种有效方法，促使上级接纳并加以支持。

第三，不可以伪造证据或虚报信息来瞒骗上级。计划必须将各种有利的条件巧妙地组合起来，才能打动大家的心,合力用心来加以执行。但是,不可以因此而伪造证据或者虚报信息,言过其实地把条件加以有利化。最好的办法,应该是积极和相关的同人沟通,确实查明各种情况;并且利用卡片,将每一种条件注记清楚,经过排列组合,求得适当的构想。

第四,不可以贪婪地将满腹的创意全部容纳。计划固然需要创意,但是一下子要把所有的创意全都纳入计划之中,而使得内容变得十分复杂,并不是良好的心态。最好先把计划的目标简化,过滤那些不必要的创意,务求做出合乎目标需求的简易可行的计划。

第五,不可以没有代替方案。计划通常必须呈报上级或经过会议讨论,才能付诸实施。越具有创意的计划,由于曲高和寡,或者创意越佳,大家越没有面子,因此越容易遭受上级和同人的批评和否定。不是冷言相讥,便是要求修正。所以提出计划时,最好同时提出甲案、乙案、丙案,使大家认为是大家的决定,而不是提出计划的人自己就可以做决定,因而比较容易让大家表示同意,也比较愿意做出选择。

计划通过以后,如果不能付诸实施,实际上和被否定一样,都等于胎死腹中。要使计划顺利推行,最好的办法是用心做到下述三点。

第一,在拟订计划的时候,多和相关的同人沟通,让他们有参与感,实施时才会自动协助,而不故意阻碍。这种和计划有关的"铺路"工作,必须因人、因事、因时、因地而制宜。遇有非难或反对时,更需要耐心沟通,不能轻易放弃,或者恼羞成怒,徒然添增敌对的力量。

第二,利用机会与相关同人做好事前的沙盘演练。在演练过程中,我们可以发现:越是真诚参与的同人,越会毫不保留地道出实情。此时必须虚怀若谷,尽量包容每个人的宝贵意见,不但使计划的内容更趋完美,而且执行时可以获得更多的助力,使计划能够更顺利地施行。

第三,执行计划时,必须把功劳推给同人,而将过失归于自己,才能一路顺利而和谐地实施下去。如果有缺失便指责别人,有功劳便据为己有,势必引起同人强烈的不满,以致计划执行时受到很大的阻碍。当计划进展得不如意时,应该深入追究原因,做必要的变更或修正。

计划在推行过程中,如果坚持不能做任何变更,很可能被迫停止,也等于胎死腹中。因此在不改变目标、不改变计划本质的同时,可以采取边做边改的方式。因为从草拟计划,讨论通过计划,到着手施行,已经产生了若干变数,使计划不得不做出部分调整,应该是不得不如此的权宜措施,也是大家比较能够配合的做法。

不论依照计划实施,或者逐步修正,实际上和领导执行的人有十分密切的关系。若是领导能力良好，对计划的目标有深度的了解，加以成员的意愿高、能力强，执行的结果必然令人满意。特别是在解决要不要变更、怎样变更等问题时，更需要领导执行的人具有沟通的能力和尊重同人的修养。在"不可不改变，不可乱变"的大原则下，借着同人的同心协力，必能越改越合理。

以止、定、静、安、虑、得为过程

《大学》可以说是中国最早的管理学著作。它开宗明义，指出"大学之道，在明明德，在亲民，在止于至善"。意思是说：管理的要领，在修己，在安人，在时常调整。

怎样调整呢？视每一阶段内外环境的变迁，做好合理的决策，然后依据决策，来做合适的调整。

可见阶段性调整十分必要,而决策更是管理的必要过程。这和近代决策论者指称的"管理的主要过程即决策"的看法相当接近。西蒙(H. A. Simon)甚至肯定管理就是决策,颇有见地。《大学》接着说:"知止而后有定,定而后能静,静而后能安,安而后能虑,虑而后能得。"这明白地指出决策的过程,即为止、定、静、安、虑、得。

管理讲求止于至善,所以每一阶段都需要知止,也就是知其所应当止的意思。止就是至善的所在,知止便是知道所应该采取的合理立场。管理的最高目标在安人,管理者的任何决策,都必须站在"实现安人"的基本目标,先找出令人不安的原因,再设法加以调整。管理者做决策之前,固然没有办法预知可以获得什么程度的安人,但是以正大光明为标准,拿正大做思考的出发点,一切为公不为私,应该是合理的选择。

决策时以正大为目标,便能有定,也就是意志有定向。所谓决策，其实就是为了达成安人的目标，从两个以上的代替方案中，选择一定的方案。为了达成最终的安人目的，管理者还可以把它分割成若干中间目标。

例如企业管理站在正大光明的立场，以"股东的安""员工的安""顾客的安"以及"社会大众的安"为定向，即可再进一步，将这些中间目标细分为若干直接目的，分别从生产、销售、财务、人事等取向，来探讨其利润、绩效、安全与责任。

依据决策者所秉持的定向，潜心研究相关的资讯，此时心不妄动，自然能静。当今资讯时代，必须慎防资讯泛滥。决策者如果缺乏定向，面对庞杂的资讯，势必不知如何是好而心慌意乱，无法潜心研究，也就是心常妄动，安静不下来，不知道如何选择正确、合用的资讯。定向有所偏差，心也静不下来，这也是一种警示的信号，必须自己妥为调整，务求心安，才知定向无误。

既能心不妄动而潜心研究，那么决定者无论坐、卧、行、立，都能够念兹在兹，深思熟虑各种资讯的必要性与正确性，所以能安。决策者心安，生活自然正常，不致因紧张不安而误判误导。同时决策者能安，必能思考精微详尽，面面俱到，而且无远弗届，这就是能虑的具体表现。这样精密、详尽的思虑，必然可以获得至佳至当、适时适机并能安人的良好决策，即为能得。

得的意思，是得其所止。获得合理的决策，当然能够在此一阶段中止于至善。然后再依据变数，寻找下一阶段的决策，以便做好阶段性的调整。

"止"可以看作目标，而"定"代表若干相关的假设。"静"才能寻觅出一些可代替性的方案，"安"是多方搜集有关的资料和资讯，"虑"表示分析和判断，于是得到合理的决策。整个止、定、静、安、虑、得的过程，和现代管理所揭示的决策程序完全相符合。

《大学》又说:"物有本末,事有终始,知所先后,则近道矣。"管理者获得合理的决策,则一切事物的本末终始,无不了然。这时可以按照先后缓急,来厘定计划,再顺序执行,并适时加以考核,调整误差,以寻求安人的管理效果。这样一路做下去,就合乎管理的道理了。

决策本身就是一种选择,从众多的备选方案中选出一项行动的途径。《大学》指出管理的最高目标为平天下。世界上的国家很多,强凌弱、众暴寡的情况,有目共睹,怎么能够平呢?任何一个国家,有心要平天下,必须先治理好自己的国家;想要治理好自己的国家,必须先整治好自己的家庭;想要整治好自己的家庭,必须先修治好自己的身体;想要修治好自己的身体,必须先端正自己的心灵;想要端正自己的心灵,必须先诚实自心所发出的意念;想要诚实自心所发出的意念,必须先推极自己的知识;而想要推极自己的知识,那就必须研究一切事物的真理。由此可见，决策者的修己功夫，做得好不好，才是决策能不能安人的关键。

修、齐、治、平的顺序，一方面告诉我们决策必须以修己为起点，一步一步向外扩展，另一方面却希望我们决策应该具有宏大的国际观，从整个宇宙着眼，以我们只有一个地球为警戒，拿平天下的理想，一步一步向内分析，才知道我们眼前必须做好什么样的调整，才能不影响到未来世界大同的远景。现代化的决策者，最好在全球化和本土化之间，寻求合理的平衡点，以求止于至善。

决策者的国际观，应该以平天下为标的。看出现实的不平等，而尽力求其平等。用现代的话来说，平天下就是世界各国的国际地位平等。要做到这一步，各个国家必须尽力治理好各自的国家。平天下从治国入手，便是先治后平的道理。各个国家的治理方法有所不同，中国之所以能够五千年来一脉相承，历经风雨飘摇而始终不灭亡的原因，在于齐家的方式奠定了中国的基础。我们的齐家,是以孝友为根本原则,由家庭之中的父父、子子、夫夫、妇妇,推广到宗族之间,使我们平时可以不依赖政府而自己解决很多切身的问题,而遭遇天灾人祸时,也能够承受外来的压力,非但不被压迫而解体,反而常更为加强内部的团结。

这种独特的齐家方式,仍然以修己为起点。家中各人,如果修己做得好,能够各安其分、各守其责,家齐的理想,应该可以完成。由此推及家族,再来治国、平天下。具有这样的理念和修养,决策起来自然合理而不致发生偏差。止于至善,只有在这种情况下,才能顺利达成。现代人受西方影响,逐渐仅有夫妇关系而无父子关系;只有个人观念而无家族观念;重视法律而轻忽伦理,以致决策时偏重科学数据,却不能兼顾修齐治平的精神。就算决策正确,也不过是绩效良好,能不能安人,恐怕很少能够顾及。决策者有必要重新体验大学之道,把它当作决策系统来看待,一方面为自己的组织寻找可行的合理方案,另一方面也为世界大同尽一份力量。由单位的安到组织的安,并且推展到国家、世界的安。

必须治标和治本并重

决策之后,应该做出具体可行的行动计划,才不至流于空想。但是,实际的运作则是计划先于决策。因为不先经由计划,而随意做出决策,常常徒劳无功,甚至造成意料之外的困危。特别是现代主管,应该提高警觉:光凭经验、直觉和判断力,实在不足以应付日益复杂的局面。不可以仿效历史上的皇帝,只要朕意已决,大家无论如何,都要把它付诸实施。今日的主管,必须慎防决策之后,面临难以执行的困境。到时候再来"朝令夕改",不如先行做好计划,有把握时才做成决策。一旦决定,再做成细部计划,以求言出必行。

管理是修己安人的历程,而计划则是管理的起点,可见修己的具体表现,即为首先做好计划。《大学》在修身的项目下,标示:"欲修其身者,先正其心;欲正其心者,先诚其意;欲诚其意者,先致其知;致知在格物。"这一段话,和计划具有十分密切的关系,不幸秦汉之后,大家不明其中的道理,做出很多有偏差的解释。

先从格物说起,格物是《大学》八目(格物、致知、诚意、正心、修身、齐家、治国、平天下)的基础,也是实践大学之道的起点,当然十分重要。格的意思是深入,物泛指事物。格物就是穷究事物的道理,把事物的道理彻底研究清楚。但是研究的方法,必须依据《中庸》所说:博学之,审问之,慎思之,明辨之,笃行之。然而广博的学习、详细的求教、慎重的思考、明白的辨别以及切实的力行,实际上并不能使我们达到"一旦豁然贯通,就什么都知道"的地步,决策者仍然应该秉持孔子"知之为知之,不知为不知"的态度,抱着"人具有是非之心,却未必具备辨别是非的知识"的心情,多请教各种专家,然后做明确的判断。

格物而后致知,穷研事物的道理之后,才能获得广泛的知识,而且有更为透彻的了解,称为致知。以孔子的好学,也需要终身学习,按照"十有五岁而志于学,三十而立,四十而不惑,五十而知天命,六十而耳顺,七十而从心所欲,不逾矩"的进度,循序渐进。一般人更应该不断以"学而不思则罔,思而不学则殆"为警惕,抱持"喜好古代明哲留下来的知识而勉力学习"的心态,不但启发自己的智慧,而且充实自己的知识。以上这一段话,在今日重视知识经济的时代,显得尤其重要,值得大家深思笃行。

格物致知的功夫做得好,对于是非、善恶有更为明确的判断力,知道其合理性所在,才能择善固执,而且很有信心,称为诚意。诚意的意思,是自心所发的意念真诚不妄,一切顺乎自然,不致自欺欺人。

决策者的意念真诚不妄,心自然就能够端正。正心的重点,在一个"正"字。《大学》指出:有所愤怒、有所恐惧、有所好乐、有所忧患的时候,心就不得其正。一旦决策者的内心,过分愤怒、恐惧、贪图,或者愁虑,就会造成心不在焉的现象,因而视而不见、听而不闻、食而不知其味;做出来的计划,当然十分偏差而不可行。愤怒、恐惧、贪图、愁虑都是常见的情绪,必须适当加以节制,使其发而中节,才能正心。所以说修身在于端正自己的心,唯有心正,才能进一步把自己修治好。

《大学》所揭示的格致诚正,塑造出计划的三大特性。

第一，要具有"整体观念"。 计划时必须重视整体的综合利益，而不偏重在个别利益。举凡直接相关的个体环境，包括顾客、市场、同业、异业，以及间接影响的总体环境，包含社会、政府、经济、技术等因素，都应该充分加以掌握。也就是站在"安股东、安顾客、安员工、安社会"的整体立场来订立整体目标，再依据这个整体目标来订立各部门的部门目标。今日主管，不但要分析、评估政府的政策，还应该研究社会和价值观的趋势。

第二，要具有"创造情势"的期待。 格致诚正做得好，不但有能力掌握整体，而且能够突破市场导向的障碍，不再盲目承认市场的主宰力量，却有能力决定未来的目标，再反过来教育顾客，创造市场。这种创造情势的前瞻性尝试，必须诚意、正心，把格物、致知的效果，充分发扬光大，以造福人群。市场导向并没有错，但是潜在的市场，仍有待坚定的信心来加以开发。只要秉持"视其所以，观其所由，察其所安"的原则，分别从动机、方法和难度的不同层次来探讨顾客的需求，自然能够创造出有利的情势。

第三，要具有"不自欺欺人"的素养。既然正心，心所发出的构思，就既不欺人，也不会自欺。我们把欺骗这一种行为，做一番彻底的研究，不难发现欺人之先，都有自欺的倾向。譬如百货公司的周年庆，推出折扣方案。这时候先做好计划，暗中将名贵物品暂时移开，不列入折扣的范围。拟订这种计划的时候，在欺骗顾客之先，就已经欺骗自己，认为这种欺骗顾客的计划是行得通的，不至于引起顾客的反感，也不会伤害公司的信誉，更不致遭到上司的质疑：为什么存心不良，要为公司拟订如此这般自欺欺人的计划？

当今人类的致命罪恶，一为人口过剩，二为生产过剩，三为消费过剩。这三种导致人类毁灭的罪恶，事实都来自不善的计划，也就是没有做好"格、致、诚、正"的功夫，便草率做出计划的结果。其中人口过剩的祸害，已经引起大家的重视；可惜仍然未能在全球化和本土化之间，找出合理的平衡点。而生产过剩和消费过剩，仍然受到鼓励，误认为是经济发展的坦途。殊不知所衍生的环境污染和资源消耗问题，势必拖垮我们的经济成果。

妥善的计划，必须治标和治本兼顾并重。要做出这样的计划，唯有平日多研究相关事务的道理，使自己对相关事理十分透彻，诚心诚意地坚持自己所确认的信念，以公正、专一的心思，从事计划的拟订，才能以理想为本，视实际情况为标，双方面并重，而无所偏差。

计划缺乏理想性，不能预测未来的动向，往往偏离根本。计划不具有可行性，不能掌握现实的需要，必然无法治标，对眼前种种变数，难以因应。格致诚正，一路走过来，既有理想性，又能兼顾现实性，标本并重，当然是妥善的计划。《大学》把格致诚正延伸到修齐治平,可见目标长远,而立足浅近,成为管理的一贯大道。只要把格致诚正当作知识来探讨,必能抓住计划的根本精神。

至诚可以前知

彼得·德鲁克(Peter F. Drucker)认为,计划的主要目的是对"为了开创未来,我们应当如何处理"所做出的种种预测和因应。所谓预测,应该是"对未来可能发生的情况,加以预先的估计"。既然属于臆测和猜想,当然不一定正确。几乎大多数预测,都有正反两种不同的说法,令人觉得不知道要相信哪一种比较妥当,因而相当为难。

其实,世间一切都有定数,预测只有灵不灵,哪里有什么测不准的道理?比较正确的说法,应该是"未来既然是定数,当然可以精确地预测。只不过这种定数本身可能改变,所以预测之后,还有变更的可能"。原来是预测之后发生变动,而不是预测不够精确。这样我们才明白,为什么预测的时期越短越正确?因为短期间内变化的程度比较小。为什么预测的项目数量越大越正确?因为彼此的变动,可能互相抵消或互补。为什么预测必须估计可能产生的误差?因为预测之后常常再起变化。西方人想到定数,大多认为"一定"或"固定",偏偏中国人把"定"界定为"含有不一定的定",也就是定中有不一定的部分,而不一定中也有定的部分,这种"二合一"的观念,在预测中充分发挥它的功能,使我们在预测时更能够掌握到"变与不变""准或不准"的要旨,发展出一套别有风味的预测方法。

《中庸》说:"至诚可以前知。"一个人诚到极点,就可以预测未来的事情。它指出:国家将要兴盛的时候，一定有吉祥的征兆；国家将要灭亡的时候，一定有凶祸的征兆。祸福将要来临的时候，都能够预先测知。这种至诚的人，有如神明一样，预测未来十分精确。

诚，一方面是完成自己人格的要件；另一方面也是万事万物运行的依据。中庸把"诚"当作宇宙全体，包含人和万事万物的本性。诚本来是自然运行的法则，叫作"天之道"。人以至诚来体认这种自然运行的法则，称为诚之，就成为"人之道"。《中庸》认为"看一个人对诚的表现如何，便能够决定这个人的吉凶"，而团体由多数个人构成，所以由组成团体的个人对诚的表现如何，也可以决定这个团体的吉凶。这种至诚可以前知的道理，用今天的话来说，其实就是"利用直觉，也能够精确地预测未来"。重要的是，直觉也需要相当的开发和训练，以期灵敏地由尽己之性，推及尽人之性，再扩展到尽物之性，因而发于隐微，却能够获得很大的效果。

然而,至诚如神的人,毕竟十分难得。一般人退而求其次,必须遵循"致曲之道"。致就是推广、扩充的意思,曲指一端或一偏。致曲则是由一端推广到全体,从一偏扩充到整全。孟子说人有仁、义、礼、智四端,只要把这四端扩而充之,便足以保四海。《中庸》说"曲能有诚",这一端、这一偏的诚,如果能够推广、扩充到全体、整体,就能够由一部分的诚,推到至诚的境界。这种致曲之道,虽然没有至诚如神那么高明,但是人人都做得到,效果远比少数高明的人士要宏大得多。

以企业管理而言,我们已经知道经营效果的良窳,决定于"安股东""安员工""安顾客""安社会"四端,在做计划的时候,能不能预测未来的发展在这四端所产生的可能后果来加以评量,就是致曲之道的运用。随便想一想上述四个项目,却一心一意追求眼前的利益,已经是不诚,当然不能充分掌握未来的变化。

凡事以诚心诚意来考虑股东安不安、员工安不安、顾客安不安、社会大众安不安,那就是至诚,就可以预测未来的变化。《中庸》指出天地的道理非常简单,那就是:广博、深厚、高大、光明、悠远、长久。为什么能够这样?原因也很单纯,即诚一不二。不二便是单纯。单纯的诚怎么能够造成广博、深厚、高大、光明、悠远、长久的宇宙?无穷的天体,不过是一点一点光亮所累积而成;博厚的大地,不过是一把一把泥土所累积而成;山由石块所造成;海由水流所造成。

不难了解真正的原因,在于"至诚无息"。无息的意思,是绵延不断,持续进展。管理者若能持续不断,从不犹豫地以安股东、安员工、安顾客、安社会大众为念,日积月累,自然充满了这些方面的经验,就凭直觉,也能正确判断可能产生的后果,即为前知。所以《中庸》说:至诚之道永远没有间断。因为没有间断,才能持久。能够长久地做下去,就可以在事物上得到征验。高明的直觉,其实是持续用心所累积的功力。

现在我们可以用客观预测法,将目前的市场、技术的动向延展到未来;也可以用主观预测法,根据现况,以自己的想象来开展未来;还有系统预测法,以投入和产出的分析,或者网状(network)来推展;《易经》占卜法也可以用来引发我们的直觉,获得重要的参考指标。

不论采用哪一种预测方法,都需要诚心诚意,以期由致曲而至诚,来预先知悉未来的动向。这时候,决策者中和与否就变得至关重要。中和指决策者的情绪相当稳定。《中庸》说:"喜怒哀乐之未发,谓之中。发而皆中节,谓之和。"凡人皆有喜怒哀乐的情绪,在还没有发出来之前,无有不善。一旦发出来,表现在外,呈现已发状态,那就可能善,也可能不善。善的已发状态,就叫作和。

我们可以把中节的已发,称为感受,而将不中节的已发,叫作情绪。不过分激烈的喜怒哀乐,是一种感受。过分激烈的感受,即为情绪。所以无过与不及,才是发而中节。决策者当然有个人的喜怒哀乐,却不应该在计划时表现得过或不及,以免不良的情绪影响到正确的预测。

中庸的道理,看起来十分简单易懂,做起来非常不容易。因为直觉是天生的,而应用直觉是后天人为的,必须困而知之,才能越来越灵敏准确。

直觉灵敏的人,最好能够充实自己的学问,以增强前知的判断力。《中庸》特别提出"博学之、审问之、慎思之、明辨之、笃行之"五个步骤,并且指出"弗能弗措"(不达目的誓不罢休)的不二法门,希望我们坚定"人一己百,人十己千"的决心,绝不"半途而废",却能够"不见知而不悔"(也就是"人不知而不愠"),用心向前,却没有后顾之忧。后天的困学加上先天的直觉,不论运用什么方法来预测未来，应该都可以获致至诚前知的效果。

提出计划应该合理坚持

计划必须妥善拟订，不可心存应付，只做表面工作，以免获得通过之后，面临执行困难甚至无法实施的困境。实际上中国式管理存在着三大障碍，使从事计划的人，不敢一心一意，全力以赴。兹分别说明原因，以供参考。

第一，心里所介意的，是"将来如何逃脱责任"。计划者很可能在计划通过之后，被调任为执行者。这时候遭遇困难，乃至无法施行，岂不是搬石头砸自己的脚？就算不被调去担任执行的工作，将来在执行过程中，以及执行完毕的成果中，产生任何不良情况，都可能在追究责任的声浪中被揪出来。所以从事计划的人，以"不出事"为第一优先考虑的课题，不求有功，但求无过。

第二，心里十分明白，"执行时一定会遭到更改"。 执行者大多抱持批判的心态，力求暴露计划的缺失，以显示自己高人一等，至少不比计划者差。居于中国人普遍存有"你计划什么，我就执行什么，那我算什么"的心态，几乎所有计划，在执行时多多少少都被更改，使得计划者先期认知"再怎么美化，也将被丑化"，不再尽心尽力，却只求交代得过去，不愿意诚心把计划做好。

第三，心里比较重视，提出来"能否顺利过关"。 计划完成之后，第一道关卡，是能不能获得通过。许多计划都在理想过高、成本太高、目的过多、时间太长、人才不足、资金短缺的理由下被搁置、放弃，成为胎死腹中的计划。只要第一关卡通不过，再好的计划也将形同废物。为了求取顺利过关，计划者费尽心思，猜测主管的意向，争取同人的支持,往往忽略了至诚的前知。

其实,这三种心理障碍,都是可以化解的。

第一,计划者重视将来如何逃脱责任,原本十分正常。因为计划和考核是一体两面,彼此息息相关,计划者必须预先考虑"将来执行起来,或者面对考核时,有哪些可能令人后悔的地方"。抱着这种"后悔在先"的心态,力求减少事后的悔恨或遗憾,才能事先预防流弊的产生。同时要了解功劳根本没有人会认定,缺失却很可能长久被流传、受苛责的事实,本着"不求有功,但求无过"的心情,尽力求其没有过失,而不是一心追求功劳。

第二,执行时必然会有变更,这是上有政策、下有对策的必然结果,不但不必介意,而且要心存感激。幸好执行者有这种素养,才能及时应变,将计划时想不到的变数,一并纳入考虑,以求顺利施行,并且可以减少缺失。抱持"自己诚心做好计划,让执行者用心去变更"的心态,反正没有功劳,变更又如何？变更者同样没有功劳，有什么好争的？大家都但求无过，原来立场是一致的。

第三，能不能顺利过关，其实不是眼前这一个计划的问题。主管毕竟不是神，哪里有那么大的神通，能够判别每一种计划的好坏？主管不过是依据提出计划的人，具有多少信任度，来初步判定要不要接受。信任度越高，所提计划越容易获得采纳，否则很容易被拒绝。同时，主管也会参酌同人的支持度，来决定计划的良窳。所以计划者平日少乱提意见，以提高自己的信用度，多和同人商量、协调、互助，以争取大家的支持，才是计划顺利过关的主要支撑力量。不可以临时抱佛脚，到时才紧张，没有用的。能不能过关，不是此时此事的问题，而是平日累积下来的信用，相当符合至诚无息的原则。

但是，再好的信用，再多的支持，主管也不敢掉以轻心，让计划快速而轻松地过关，以免计划者认为自己才高气壮，因而有了轻忽之心，大意失荆州，连带把主管也拖下水。主管谨慎把关，对大家都有好处。

主管怎样把关呢？最常见的，莫过于提出相反的意见，看计划者如何应对。再从计划者的应对方式和内容，来进一步判定计划的良窳，决定要不要让计划过关。

可惜有很多计划者，不明白"主管提出相反的意见，并不表示他不支持这个计划"的用意，反而认为"我已经尽心尽力，你还要挑剔"，心中有不受尊重的感受，于是"提是我的责任，要不要接受，是你的权力"，干脆放弃己见，表示"主管如何决定，我就照着去更改"，以致主管失去信心，越发不敢表示赞成。

主管提出异议，真正的用意，不过在"试一试计划者的把握，到底到什么程度"。若是一听到相反的意见，马上放弃原先的看法，可以证明计划者根本没有把握，只是想到哪里写到哪里，这种计划经不起考验，当然不放心加以支持。如果一问再问，计划者仍然坚持己见，足证其相当有把握，可以比较安心地让计划通过。

可见计划者一则不能胡乱提出计划，以免信用减损；再则不能一听到相反意见，便扬言放弃原先的主张，以免经不起考验而引起怀疑。但是，千万记住"有几分把握做几分坚持"的原则，不可以盲目坚持，造成刚愎自用的不良印象。有几分把握，做几分坚持，才算是合理的坚持，否则过与不及，都将引起不良的后果。

计划者坚持或不坚持自己的主张，都是不正确的"二选一"方式，掉入"二分法"的陷阱而造成相当不利。这时候改用"二合一"的方式，把坚持和不坚持合在一起，走合理坚持之途，既不过分，也不太早放弃，使主管看出自己有把握却充分尊重主管的最后裁决权，因而心平气和地决定要不要核定通过或交由委员会或小组来加以审议。计划者合理坚持之后，应该安静地接受主管合理的处置，并且充分配合，以利计划的完成。

一方面合理坚持；另一方面应该依据大家的意见，做合理的修订。大家参与的程度越深，将来执行起来就越加顺利。因为参与的人，多少都有一些责任，要支持这个计划，以至阻力减少，而助力增加，对大家都有好处。计划者必须肚量宽宏，有雅量接受各种不同的意见，尽量集思广益，把众人的意见尽量包容在内，使众人乐于支持，早日促成计划的有效实现。

合理坚持最困难的，在不可过分也不能不及，完全依照当时的情况，做适当的拿捏，可谓运用之妙，存乎一心。事后之明，对实际运作并无助益，必须事先多多学习，深入了解现况，而且人际关系良好，才能当机立断，拿捏得恰到好处。难是难，却十分值得尝试。

第三章

无为的执行过程

执行者必须以尊重计划、看得起计划者为出发点，站在落实计划的立场上，务求确实达成预期的效果。

目标实现、渐进试行、水到渠成是执行人员应该掌握的三大原则。

主持人采取无为的领导精神，才能无为而无不为，创造出总动员的效果来。

管理的效果，表现在有为上面，根本毋庸置疑。但是大家都要求有为，势必讲求个人的表现。争相邀功的结果，产生很多明争暗斗的不良举动，反而增加执行过程中的困难，影响到执行的效果。

无为当然不是不为，应该是无不为。只有站在无为的立场来无不为，才能"不求有功，但求无过"地尽力而为。不争功也不诿过，自然一切秉公处理。

执行时固然应该尊重原计划的精神，却也必须顾及定案后的新变数以及执行时的实际状况。居于落实计划的苦心，认清可变与不可变的分野，然后发挥无为的领导精神，以团队的力量来突破难关，务求贯彻实施。

目标实现、渐进试行、水到渠成是执行人员应该掌握的三大原则。站在不可变的立场来寻找可变的部分，以高度的执行热忱，促成同人的精诚合作，抱定责无旁贷地坚决完成的决心，审慎评估实际和情势，塑造强大的团队力量，自然容易获得良好的执行效果。

执行之后，必须检讨优劣得失，作为下次计划时的重要参考。检讨时，最好掌握中国人的特性，以免流于形式而自欺欺人。

全面无形的控制，也是中国式管理的特殊方式，主要是以人为对象，从面的不同来查核心的差异，进而掌握可能发生的变化。执行过程全面无形地加以控制，不达目的誓不罢休。

站在落实计划的立场来执行

当计划者和执行者是同一个人的时候,遇到困难时,居于"自作自受"的体认,通常不会张扬出来,却默默地寻求解决的途径。这时候觉得除了增加自己的经验之外,丝毫不敢邀功,当作自己对组织的重大贡献。

然而,当计划者和执行者不是同一个人时,其间所产生的差距,非但必然,而且相当显著。通常有下述二种现象,导致两者互相指责,影响计划的顺利执行。

第一,计划者缺乏执行的实际经验,常常在时间分配、前后次序以及人员配置上产生若干误差。若是执行者存心找碴儿,或者耿直地实情实报,就会公开暴露计划者的弱点或缺失,以致计划者颜面无光,反过来指责执行者"不善驶船嫌溪窄",因

而强词夺理，死不承认计划有误。其实是一种恼羞成怒的反应，导致双方难以协调。

第二，**计划者和执行者具有不同的认知和判断标准，特别是在条件的配合度、执行的难易度以及细节的通融度方面，有相当大的差距，使得双方看法不同，而引起争执。**计划者所考虑的配套措施，执行者常常加以低估，因而觉得在现有的情境下，难以推行。同时在执行过程中，对于细部做法的变更程度，也常常产生不同的反应。类似的情况往往不断出现，导致双方互相批评，彼此不信任。

第三，**执行者不完全了解原计划的主旨，因此在本末、轻重、大小、利害、多寡、缓急等方面，都掌握得与计划者设想的不同。**彼此都没有恶意，结果却十分令人懊恼。即使计划者费尽苦心，反复将计划的目标、目的和意义、价值等要旨告知执行者，也未必获得良好的回应。因为执行者常常自以为是，实际上不能充分了解计划者的真正用意。沟通不良，甚至沟而不通，形成莫大的障碍。

这些常见的状况，如果不能妥善化解，势必造成"计划良好，而执行不力或不顺"的恶果。不力指执行者不用心，不愿意全力配合，甚至故意出纰漏，让计划者难堪。不顺指执行者很用心，也愿意全力配合，却由于认知的差距或者对计划的主旨不完全了解，以致执行过程中，相当不顺利。不论不力或不顺，对计划者和执行者双方面都有害无利，必须预先估量，尽量减少，提高双方的效益。计划是为了付诸实行而存在，工作做得好包含善于计划也善于执行。唯有两者都好，才能有效达到目的。

因此，执行者的使命，既不在批判计划的好坏，也不在找出计划的缺失，更不是盲目地按照计划去执行。执行者的使命，应该是"站在落实计划的立场来执行"，务求确实达成预期的效果。下述三大要领，必须充分掌握。

第一，稍有工作经验的人，不难发现按照计划

去执行，是一件十分困难的事情。 因为计划和实际情况有所出入，几乎很难找到例外。就算计划者具有实际执行的丰富经验，事实上也很不容易掌握每一个细节，以致执行者经常抱怨计划完全是纸上谈兵而毫无价值。但是，站在落实计划的立场，执行者必须调整批判、挑剔的心态，改为"内外环境时刻都在变迁，计划者再怎么用心，也难以完全掌握接踵而来的变数。虽然执行时有些困难，正好发挥自己的实力"，因而坚定决心，想办法使计划落实，而不是愤怒地指责计划的不切实际，或者消极地抵制原有的计划。这时候执行者不但不会存心找碴儿，而且不愿意公开暴露计划的弱点或缺失，反而会欣赏计划的用意，用心思考权宜应变的方法，并且深入分析、比较和调整，使计划更为完善，而有利于执行。相信计划者对执行者采取这样的态度，必然很受欢迎。同时对执行者所做的各种调整，也都很乐于接纳。彼此互信、互谅，自然不生嫌隙。

第二，为了达成这种互信互谅，计划者和执行者应该经常沟通。 对于计划的目的，必须通过平日所建立的人际关系，针对适当的对象，利用合适的时机，做比较透彻的解说。在中国社会，如果大家只凭同事的关系，很容易公事公办。彼此就事论理，结果都很没有面子。最好平时多和同事建立一些私交，把某些同事先变成朋友。有了这种朋友的情谊，将来谈起公事时，比较方便，由情入理，彼此都有面子，更能够进一步深入地沟通。同事会斤斤计较，本位主义十分明显；朋友则比较宽容，有事好商量，居于互相照顾的情分，不至于存心找碴儿、出洋相。通过同事间的朋友关系来谈论公事，由于其中的友谊情分在发生作用，讨论起来，比较容易互动。遇到问题，也比较方便当面请教，或者提出异议，而不致伤害感情，恼羞成怒。如此，对于计划和执行之间的种种落差，比较有调整、补全的可能。计划者和执行者，才能持久地互相合作，而不是计划执行完毕之后,彼此心结很重,以后再也无法共处。

第三,计划者和执行者,都应该明白"功没、过存"的道理。一方面知道功劳就算存在,也会很快被遗忘,甚至被翻案;另一方面必须养成"有成果,功劳归于另一方"的习惯。"功劳终究是让出来的,不是争得到的",计划者和执行者互争功劳,必定双方都得不到认定,变成双方都没有功劳。计划者将功劳推给执行者,而执行者也懂得把功劳归于计划者,结果双方都获得肯定,大家都有功劳。因此在执行过程中,对于计划的缺失或弱点,不宜公开宣扬,而应该互相隐瞒,尽量私底下协商,共同谋求解决、补救的办法。在主管面前,尽量支持对方的见解,将更有助于私下的协商。但是,双方都必须站在有效落实计划目标、使计划顺利施行的共同理念下,进行隐瞒的动作,才不致掉入欺骗的陷阱。在中国社会,对隐瞒和欺骗的差异性,应该用心区别,否则很难分辨清楚。

总之,执行者的基本心态,必须以尊重计划、看得起计划者为出发点,然后站在落实计划的立场上,审视内外环境变迁所带来的相关变数,居于"不争功,不诿过"的原则,凡事采取由情入理的方式,和计划者通过私人的朋友情谊,再来谈论公事,往往可以收到良好的沟通效果。执行者如果自己衡量和计划者的情谊不足,最好寻找比较可靠的人士来穿针引线,促使双方心理上的桥梁互通,在"说起来都是自己人"的情况下,再来沟通,必然更有宏效。

认清计划的可变与不可变原则

执行者不可以变更计划的主旨和目标,却能够依据实际的需要,改变细节的施行,以利计划的顺利落实。

计划能否变更,不适宜用二选一的二分法来决定。认为计划是可以改变的与主张计划是不可以更改的,都是比较极端的看法,相当不切实际。如果采取二合一的思考方式,把可以改变和不可以变更合起来想,应该能够寻找出一条两全的途径,也就是同时兼顾可变与不可变两个部分,符合"合中有分,分中有合"的法则。

可以变更的部分,请执行者必须特别注意,仅限于下述三大项目。兹分别说明如下,以供参考。

第一,基本条件发生变化,与原先的估计出现重大的差异。这时候若是完全无视情境的变迁,抱着"死马当作活马医"的蛮干心态,固然有时候决心胜过一切,也有攻克难关把计划付诸实施的可能,但是除非万不得已,最好不要如此。因为这种以精神排除万难的方式,并不适宜常常运用,以免拗不过实际的阻碍,而功败垂成。比较合适的想法,应该是衡量当时的条件，做出合理的调整。

第二，政府的政策发生重大变化，不利于原计划的执行时，不能不加以改变或修正，甚至需要暂时停止执行，等待政策有所变化，再来考虑调整或放弃。配合政策的需要，一向是企业界奉行的法则。每当重大政策颁布时，设法调整自己的计划，应该是合理的态度。

第三，遭遇意外的天灾人祸，导致执行上的重大困难。这时候即使再有执行的决心，计划也可能被迫停止。因为天灾人祸，往往不是自己的力量所能够预料、控制或补救的。必须众人花费比较长的时间来处理，才能逐步恢复。不幸遇到这样的状况，恐怕只好暂时喊停，等待情况改善之后，再来想办法。暂停一段时间，就应该重新用心调整原有计划，使其适合情况的变化，而能顺利继续执行下去。

遭遇上述三种状态，基本条件发生变化、政府的政策发生重大变化、遭遇意外的天灾人祸，执行者当然可以考虑将计划加以适当的变更。但是,所有的改变,都应该尊重原先的主旨和目标。无论如何,我们所能改变的,不过是细节部分,而且以不违背既有的主旨和目标为原则。

执行人员必须掌握下述三大原则。

第一,目标实现原则。不管在计划拟订的过程中,执行者是否参与、有无不同意见,一旦决定执行,即应坚定信心,非实现计划所订立的目标不可。譬如新进人员的训练,主旨在促使新人早一天进入状态,了解组织内的实际运作,以及工作的分类与性质。所有参与执行的人员,必须牢记在心,从各种层面来完成这些目标。即使从组织的现况来看,根本没有时间来举办集中式的训练,也应该设法化整为零,采取一对一的形式。通过工作的进行,由资深员工来带领新进人员,逐步引导他们走上正轨,达成预期的目标。我们相信,只要有心把它做好,自然会随机应变,就现有的条件,创造出有利于达到目标的途径。

第二，渐进试行原则。不要一开始便想要改变,应该抱着试试看的心态,采取渐进的方式,先将部分计划付诸实施,等待大家接受后,再全盘实现。通常我们会先从比较容易接受的部分开始,或者由比较容易接受的事项着手。譬如营销部门订立销售计划,主旨在说明用什么方法把商品卖给哪一种人。其中牵涉到生产合于市场需要的商品,稳定地供应给客户,分析市场,掌握市场区隔,以寻找潜在的顾客,确定出售的方法,并建立企业忠诚度,做好售后服务,提供商品的附加价值,注意流通环境的变化,设计促销活动,订立营业目标,提供激励措施等。执行时可以分别从各个项目中,寻找比较容易接受的部门,例如生产部门中的研究开发单位,试图以更为便宜的成本来生产。或者选择比较容易接受的事项,例如调整销售的通路,考虑商品于何时在何处摆出多少数量的相关战术。由抗拒最小、收效最大的点着手,对执行很有利。

第三,水到渠成原则。凡是雷厉风行的结果,大多是五分钟热度,转瞬就会成为幻影。先渐进试行,然后顺水推舟,再趁热打铁,采取及时的行动,这样水到渠成,往往更加持久有效。譬如提高销售能力的计划,主旨在增进销售人员的挑战精神与自信心,可以针对营业人员访问顾客不得要领或对顾客有明显的好恶、安排时间不适当、访谈技巧有问题、自认为工作量太大、性格内向、不够积极、缺少自信心、对商品不了解、惧怕被拒绝等因素,逐一加以分析,找出真正的原因,以便对症下药。这时候可以由主管陪同销售人员一起访问顾客,或者在工作之余个别面谈,以护士看护病人的心情一直到痊愈为止。

总之,执行人员不可以完全无视计划的主旨和目标,坚持按照自己的意见去调整,而应该以计划的主旨和目标为基础,把它当作不可变的部分,再来审视当前的实际需要,加上自己的创意,使计划执行得更顺利、更有效。

遇到执行人员过分偏离主旨和目标时,主管必须马上指出其行为逾越界限,要求立即改善。不过这种过分偏离的执行人员,通常都相当能干,对自己的能力很具信心。他们的共同缺点是自作聪明而又自以为是,也就是自我意识十分强烈。若是当面浇冷水,要求马上改正,必然引起抗拒和不满的情绪。最好先给予相当的褒奖,再明确指出偏离的事实和可能的后患,在不伤其自尊心、顾全面子的情况下,用"聪明人共同的通病"来加以劝阻,比较容易被接纳。

对于擅自变更计划宗旨及目标的执行者,切勿宽恕,劝导不听时,必须严厉处分;如果再不改善,就应该调换或者劝告其自动离职。执行者我行我素,基本上是不可原谅的行为。但是,一切不用心、盲目全盘执行,同样会带来非常严重的弊害,也是不可宽恕的做法。

明辨可变和不可变,站在"不可变"的立场来找出"可变"的部分,这种以不变应万变的执行精神,才是正当的方式。可惜现在很多人不能了解并掌握这个原则。

发挥无为的领导精神

执行计划时,通常可能遭遇的障碍,除了执行者对计划的主旨和目标不够了解、执行能力不足、工作意愿低落、执行过程紊乱以及执行者对计划者的心理抗拒之外,最重要的,莫过于执行小组主持人的领导风格。

现代单打独斗的可能性已经大幅度降低,大多采用团体的方式来执行计划。而团体不论大小,总要推定主持人。若是主持人拥有良好的领导风格，能够激起成员的工作意愿，提升成员的执行能力，消减对计划者的心理抗拒，同时加强对计划主旨和目标的深入了解，多多与计划单位取得密切的联系，相信计划的执行已经成功了一半。

良好的领导风格，就执行计划而言，要点如下。

第一，对计划具有高度的执行热忱，即使是上级指派的计划，也应该视为自己分内的工作，热心地接纳，并且表现出强烈的意愿，要把计划执行得彻底而有效。执行小组的成员，在主持人这种积极态度的感染下，自然会产生比较正面的反应，愿意贡献心力，为执行计划而协同一致。当然，主持人平日必须多关心成员，能够合理地依照成员的能力来分配任务，成员才会感受到主持人的热忱。

第二，对成员具有无比的信心，相信大家的合作足以保证执行的成果良好。因为成员对主持人的期待，通常相当敏感。大家发现主持人的期待是正面而光明的,自然会提高工作意愿,用心去执行。若是觉察主持人根本看不起成员,对成员缺乏信心,大家就会不约而同地降低执行意愿,与主持人保持相当的距离。对于计划的执行成果,也不是很关心。反正做多少算多少,用不着费心计较。

第三,对执行的成果十分重视,责无旁贷地坚决完成,还要达成优良的结果。 主持人有热忱,对成员有信心,再加上对成果很重视,成员就会倍加努力,用心好好执行。主持人若是对执行的成果,存着"好坏无所谓,尽力就好"的心态,成员也就只顾热心,表现努力,却未必真正用心,对于执行成果,自然产生不良的影响。

要表现出这样的领导风格,主持人最好采取无为的领导精神,才能无为而无不为,创造出总动员的效果。

提起无为,大家就会想起老子,因为老子主张"道常无为而无不为"。从无为的观点来看管理,似乎是老子十分独到的见解。在好几次国际管理研讨会上，经常听见西方学者的质疑：无为真的能够无不为吗？有哪一位企业家采用无为的领导？因为他们从字面上来解释，把无为看成什么也不做，当然不明白无为的真义，而有所怀疑。

老子的观点，站在现代管理盛行的时代，尤其具有重大的警示作用。因为管理者经常不知不觉掉入"为管理而管理"的陷阱，做出很多并无实际效益的管理事务，徒然增加管理成本。领导者也常常"为领导而领导"，明明对领导没有效用，却要妄自作为，结果增添成员的苦恼。

领导者强做妄为，自顾伸张自己的意欲，没有干预的本事，却要任意干预部属，便是老子所极力反对的"有为"。他指出："国家的禁令越多，人民越贫困；政府的规定越多，社会越混乱。"我们在管理上，也可以说"上司管得越多，部属越无法用心做事；主管干预越多，部属越觉得无所适从"。

执行小组主持人如果不能发扬无为的领导精神,不但对计划的高度执行热忱,不能感应部属尽心尽力;对成员的无比信心,难以激起成员的呼应;而且对执行成果的重视,也无法保证部属产生同样的期待。成员反而受到太多的限制,被捆绑得动弹不得,不能随机应变、因时因地制宜,以期计划有效落实而成果良好。

领导者无为,部属就自我化育;上司好静,大家就会自然上轨道;上司无事,大家才有时间把工作做好;上司无欲,大家便朴素过日子。可见无为并不是什么都不做,而是以好静、无事、无欲为内涵,不任意妄为。其要点如下。

第一,用"无为"的态度来领导部属,以产生"无不为"的效果。 老子并不反对有所作为,他鼓励大家努力去为,贡献出个人的力量。但是,一定要"为而不恃",不夸耀自己的才能,不张扬自己的功劳,也不占据努力的成果。老子看出人与人间争执的根源,即在人人扩张自己占有的欲望,因此主张"为而不争",大家顺着自然的状况,发挥各自的才能,却不与他人争夺功名。执行小组的主持人,若能秉持这种"为而不恃""为而不争"的精神,用无为的态度来领导同人,大家才乐意各自尽心尽力,却不互相争夺成果。于是同心协力,当然无不为了。

第二,以"无欲"的心境来领导执行小组,大家自然朴实。不必经常猜测主持人的心意,只需按照正道去执行计划,便用不着有什么顾虑。主持人有欲,并不指本能性的欲望,而是指心智性的巧诈。无欲就是没有欺诈的企图,大家可以放心地做应该做的事情,不需要特别留意主持人是否有偏私,因此部属能够安心地自正。我们从很多实际案例,不难发现部属之所以不敢正直地办事,很多是由于害怕被主持人视为不合作而遭闲置或革职。所以主持人没有不正当的欲望,才能保证部属凭良心做事。

第三，用"虚静"的状态来感应执行同人，大家比较容易虚怀若谷，彼此接受不同的意见，而集思广益。主持人无欲，呈现"虚静"状态，抱持平常心，自然对部属的所作所为，具有更大的包容性。影响所及，部属之间也比较能够发挥谦虚的美德。大家平心静气地讨论，遇到不同的意见，也不至于引起争执。上下都不轻率急躁，对处理事情讲求"以静制动""以逸待劳"，既省力又有效率。

在具体表现方面，我们希望主持人至少做到以下三点。

第一，部属能做的事情，主持人绝对不要插手。把空间让出来，让部属去充分表现，力求由下而上，而不是事必躬亲。部属有参与感，有成就感，是主持人的最佳表现。

第二，主持人只提问题，不要给答案。部属自然会寻找答案，而且全力以赴。主持人的责任，在用心考察部属是否找到合理的答案，否则就应该给予若干指点。

第三,主持人负起全部责任,丝毫不推卸。 部属不好意思连累主持人,才会尽力把分内工作做好,以免出错。

以团队精神来突破难关

单独一个人执行计划,固然可以充分发挥个人的自主性,不必受到同伴的牵制或阻挠。但是,单打独斗的效果毕竟相当有限,难以成就重大计划。于是团队行动就成为执行计划时的主要课题,谋求结合众人的力量,来突破执行时所遭遇到的种种难关。特别是中国人究竟能不能合作无间、协同一致的问题,立即浮上台面,亟待解决。

中国人能否合作?答案只有一个:很难讲,也就是不一定。中国人合作起来，同仇敌忾，一致对外，常常产生不可抵御的强大力量。然而中国人平时的表现，真的有如一盘散沙，各搞各的，谁也不服谁，再怎样号召，也团结不起来。这当中时机、情势、领导三大因素，起着关键性的决定作用。兹分别说明如下，以供参考。

第一，时机。中国人做事，最注重时机合适不合适。大家最担心害怕的，就是"违时行事"。做一些不合时宜的事情，常常凶多吉少。想要重新来过，发现时机已经成为过去；后悔没有用，挽救来不及。就合作而论，时机有利或者时机紧迫，合作很有好处或者非合作不能生存时，中国人团结一致，而且合作无间，表现出料想不到的高度团队精神。不但历史上有很多例证，今日社会仍然事实俱在。

第二，情势。中国人主张能屈也能伸，情势有利时，个个自我膨胀，似乎天地之间，唯我最大。

情势不利时,人人自危,抱着"人在屋檐下,不得不低头"的心态,以不吃眼前亏为理由,躲躲闪闪,也不觉得委屈。就合作而言,情势不利的人,自然想尽办法要依附情势大好的人。情势大好的人登高一呼,马上四方响应。只不过可能是暂时性的依附,而不是长久性的归属。一旦情势变化,原先依附在身旁,好像长相左右的群众,很快就树倒猢狲散,各奔前程而去。情势一变化,团结合作的情况立即随着变异,令人感叹的是成也在这些人,败也在这些人,因而责怪中国人势利。其实冷静想想,势利到合理的程度,何尝不好!

第三,领导。时机合适而且情势有利,中国人自然会团结起来。至于效果如何,能够维持多久,那就有赖于得人心的领导了。如果领导者能够以无为来带动众人的大有为,以无智来启发大家的竭智尽力,以无能来引发大家的总动员,执行时遭遇再大的困难,相信也能够聚合强大的团队力量,加以突破，顺利达成预期的成果。

越困难的计划，越需要强大的团队力量。然而团体行动，常常由于彼此意见不一致，甚至产生严重的摩擦，导致计划的执行受到很大的阻碍和破坏。

一般人对事物的看法，大多是个别性而缺乏整体性，同时看的时候，也隐藏着各人不同的盲点。一方面看得不够全面，另一方面又看得不够透彻。于是各偏一隅，而又各执己见。这时候想要聚合团队的力量，恐怕非常困难。为了补救这种缺失，可以采用轮调制度，规定各单位人员，不论表现如何，都要接受不定期的轮调。首先打破"做不好才调"的抗拒心态，以免由于面子问题而产生若干调职后遗症。同时以不定期来消除"三年任满，两年以后就不做事情以求平安度过"的任期症状。晋升之前，先调到其他部门，再回原单位晋升，以扩大视野，也建立一些更可靠的人际关系。对于执行计划，必然有很大助益。

在执行工作中,我们必须注意到有很多行为是看不见的,通常显现出来能够看得见的部分,还不及 1/5。对于 80% 以上看不出来的行为,应该从心态方面去了解,才能有效地修正、调整,以提高效能。

执行小组的主持人,应该明白自己的责任是带领所有的成员,而不是带领其中的少数同人。主持人的心,最好能够感应所有成员的心,而不是仅仅感应少数人的心。但是,成员之中,难免有个别差异的存在,并不是一声令下,便能够统一步调,协力向前的。比较可行的办法,仍然是通过最为亲信的第一层次,去影响相当可靠的第二层次,然后让第三层次的人员,自动来认同。

这种内外分层次、亲疏稍有差别的感应方式,主持人只能心里头想,绝对不可以在口头上说出来。嘴巴只能说一视同仁,大家都一样,心里头则最好视工作的配合度、忠诚度和贡献度,把成员区隔为三个内外有别的层次。有事先找最内层的同人,也就是最为亲信的第一层次,私底下商量。再由第一层次同人,提出问题征询中层,也就是相当可靠的第二层次同人,看看他们的答案如何,来做相当程度的决定。最后依据外层,也就是表现平平的第三层次人员的认同与支持度,由主持人依最后裁决权达成决策。

这样由内而外,再由外而内所做的决定,通常比较容易获得协同一致的效果。哪怕小组的规模再小,也不能无视个别差异而采取一视同仁的方式。

由于中国社会特别重视伦理,大家从小生活在亲疏有别、上下有差等的气氛中,把"合理的不公平"看得比"不合理的公平"更重要。因此对于一视同仁的作风,一则很难相信真有此事;再则容易产生"好人坏人都分不出来"的错觉;三则人人都认为自己受委屈,没有获得主管关爱的眼神。通过亲疏有别、内外有差等的互动，反而比较容易像水中的波浪一样，由内感应到外、再由外回应到内，造成内外一致的团结气氛，发挥最佳的团队力量。

被领导的小组同人，必须明白团体行动和主管的领导方式息息相关，简直就是一体的两面。既然主管采取看起来不公平实际上十分尊重大家的内外层互动方式，部属就应该心中有数。自己会被安排在某一层次，完全是自作自受的结果，不要再以主管不公正、有偏心来自我安慰，而应该以实际行动，来改变自己在主管心目中的层次地位。或者安于主管的配置而不怨天尤人，用心把自己的角色扮演好，至少无愧于心，对得起自己，不至于将来后悔。

上下、左右之间，都能够注意到这种看不见的互动气氛，比较容易彼此沟通，达到协调的地步，配合着团体的步伐，表现出协同一致的力量，以突破重重难关。

检讨执行的缺失作为下次计划的参考

中国人普遍知道检讨的重要性,却很不容易做好检讨。常常虚应故事,避重就轻,然后把所有责任都归于制度不够良善。不论任何检讨,结论始终只有一个:"如果制度不能改善,恐怕以后仍将如此这般,很难改正。"

其实,中国式的检讨有其特性,不可不特别留神。兹将最主要的三大法则予以分别说明。

第一,有功劳,一定要和大家分享。只有大家都有份,功劳才容易被肯定,否则没有份的人,就会反弹。

检讨的时候,有功劳一定要向外推,最好推给抱怨的人。依据交互主义的互动原理,向外推就可能产生向内拉的回应,而越多的人获得功劳就会有更多的人回馈。大家抢光光,总会留下自己应得的一份。若是大家分光光而自己那一份也不见了，自然有人会出面主持正义，说公道话。这时候更应该谦虚礼让，保证可以拿回来更多的功劳。万一大家分光光，自己的一份也被抢走，居然也没有人说公道话，还有两条路可走：一是赶紧上递辞呈，走为上策。因为此地已经不适合久留，何必计较这等小事？二是趁此机会提出警告，请大家注意组织的文化竟然败坏到这个地步，对于组织风气的变革，相信也大有裨益。

第二，有缺失，最好自己承担。特别是居上位的人，若是勇敢地率先承担责任，中层干部大概会紧跟着承认错误，如此一层一层向下传递，大家都不推，缺失比较容易明朗化。中国人所谓的明朗化，是指心知肚明，仍然不需要明白地说出来。大家抢来抢去，缺失到底落在哪些人身上，只要当事人明了，依旧要顾全他的面子，以免撕破脸，弄得当事人脸上无光，反而恼羞成怒，死不承认错误，岂非自找苦吃？

居上位的人，可以在检讨会后，把犯错的人私下请过来，他大多会俯首认罪，不敢抵赖。若是他还不认错，不妨再度探索，看看更深入一层的情况，再把他请来，两三次下来，大概会突破心防，而真相大白。对不公开认错的同人，应该加以谅解；对单独相询仍不认错的人，必须加以劝导。公开场合不承认，私底下承认，只要以后不再犯同样的错误，依然可以接纳。

检讨的时候，最好不要以人为对象。只要拿事实来分析，并且把过失归于自己，常常会把真正犯错的人将出来，无所遁形。过错是争出来的，人人争过失，责任十分清楚。大家都推来推去，结果大家都犯错，责任不分明。

第三，先提功劳，然后找过失，最后一番感谢，是检讨会的三大程序。从主席开始，首先表示执行的成果良好，大家都有功劳。接着说明自己用心不够，照顾得不周全，以至还有若干缺失，亟待检讨改进。最后仍然十分感谢，希望大家一本初衷，积极努力。每一个发言的人，似乎也都遵循这个程序，以三明治的方式，把丑话包裹在两层好听话当中，听的人比较受用，自然听得进去而有效。

即使单独面对被检讨的人，最好也采取三明治方式，先褒后贬再感谢。被检讨的人，保住面子，比较容易认错。我们的目的，并不在承认错误或道歉。因为两者实际上都没有实质意义，做与不做，没有太大的差异。我们希望通过检讨，来寻找执行时所带来的缺失，把真正的原因找出来，详细记载，作为下次计划的参考。"不贰过"才是检讨的有效功能，永远不再犯同样的错误，那才了得。

执行计划必然产生不相同的后果，与预期的相符，也要检讨原因，为什么如此吻合？是预测精准，还是调整、应变得宜？是原计划预留弹性，还是居上位者大力支持？与预期的不相符合，甚至完全相反,当然应该探索究竟,问题出在什么地方?至于那些半途而废,执行不到一半,就动弹不得,不能不宣告放弃的,尤其需要用心检讨,找出病源,以便根治。不可因为人事变动,反正当事人已经离职他去;或者人情因素,当事人是多年领导或老同事,便虚应故事,不做实质的检讨,以致因循苟且,重复犯错,因而养成胡乱计划、马虎执行的不良习惯,害已害人。

一般说来,执行结果不理想,主要有三种原因。

第一,计划本身有偏差失误的地方,执行时即使用心调整,也难以制宜。不论整体计划或部分计划哪个出差错,都会严重影响到执行成果不能符合预期的目标。这种缺失,必须明确记载,提供给计划人员作为前车之鉴,以免再犯。

第二,执行者擅自做主,任意变更计划的主旨和目标,已经属于离经叛道的行为。不论是整体或部分受到扭曲,结果必然大幅度走样。不管是有意还是无意，都可能造成不良的后果。这种缺失，应该找出真正的原因，和执行者沟通，提供改进的经验，使以后的执行者知所避免。

第三，计划者和执行者都很用心，却由于内外环境的重大变动，以致无法按照原有计划执行。这种情形下，并不能完全指责计划者的预测不够精准，也不能归罪于执行者的应变能力不足。但是也应该检讨缺失，作为以后的参考。

缺失可以检讨，却没有必要承认失败。中国人很不容易反败为胜，因为一承认失败，心理上的压力很大，更容易导致兵败如山倒、树倒猢狲散的恶果。缺失可以改进，失败很难东山再起。我们只要把缺失检讨出来，作为下次改进的参考，何必一定要承认失败，弄得人心惶惶、鸡犬不宁，反而让对手有机可乘，或者自己乱了阵脚，岂非得不偿失？叫别人不怕失败，比较容易，要自己反败为胜，实在相当困难。有缺失，不用怕，换取一些宝贵经验，下次做得更好。检讨缺失,不在于找出谁的错,而在于培养更佳的计划和执行能力。小缺失可以避免大失败,常常检讨,积累经验,才有机会获得大成功。

中途检讨,还可以在发现重大缺失的时候,提出补救计划,以便采取挽救措施,使计划得以顺利完成预期的目标。所以检讨不一定要等到执行完毕或无法执行时才进行,在执行的过程中,分成若干阶段来检讨,其效果有时比终了检讨还有价值。而中途补救,当然比半途而废来得好。

采取全面无形的控制

中国人十分清楚"管理"的主要功能,完全表现在"控制"上面。唯有能够全面掌控,才称得上良好有效的管理；若失去控制，不再有把握地得心应手，已经谈不上什么管理，充其量只是摆摆样子，好看而已。

西方管理以"事"为中心，所以"控制"的重点在于"计划的执行过程和结果"，大多对"事"而言。

中国管理以"人"为中心，对"人"的控制，往往重于对"事"的控制。因为事在人为，一切事都离不开人。只要把"人"控制得好，事情的经过和结果，也就比较有把握加以控制。人在做事，所以人比较要紧。

"事"的控制，重在"有形"。从建立标准着手，以确定理想的均衡状态，当作控制的基础。然后将实际状况与所定标准互相比较，辨认并分析差异的原因。于是设法加以校正，使其恢复正常的状况。

"人"的控制，比较侧重"无形"的部分。因为有形的部分大多有一定的标准，十分方便伪装或作假。无形的部分，比较变动不居而且缺乏明确的标准，以致很难伪装，不容易作假。根本就无形，从何作假？

中国人大多不愿意公开表明"控制"的意愿，没有人坦承自己在控制别人，可以看作"无形"的一种印证。既然要无形地控制，想控制无形的东西，当然不可以明言，不方便公开地承认，不能形成透明的制度。

对"人"的控制，和对"事"一样，主要在抓住"差异性"。有任何风吹草动，马上提高警觉，加以研判分析，以期有效地掌握变数，而便于控制。

在内外环境变动不大、一切尚称稳定的时期，对"事"的控制，可以代表对"人"的控制。这时候"对事不对人"，还算行得通。因为"事"的变化不大，可以依据"事"的"差异性"来加以控制，就算把"人"的因素摆在一旁，不予理睬，也不致影响事的成果。

然而，环境变动快速时，人心的改变，往往比事情的变迁更为迅速而复杂。事情其实随着人心而转变，人心先变，事情才会跟着改变。控制人心，在快速变迁的时期，比就事论事要有效得多。再深一层看，好像控制人心，就等于左右事态的演变。这一点是现代管理十分容易忽略的事实，我们过分相信环境的力量，似乎大到可以决定一切。环境的力量固然大，人的意志力也很强。天定胜人和人定胜天的分际，很值得从事管理的人用心加以体会。

一般而言，大事由天主导，比较倾向于天定胜人，所以"时机"好不好是大趋势，人力很难加以操控。但是小事情由人主导，当然倾向于人定胜天，"情势"的好坏往往由人来开创，老天爷不会管那么多，才显得尊重人的自主性。我们所管理的事情，究竟是大是小，各位心中有数，大不到哪里去，所以由人心着手，来加以控制，应该是相当可能而且有效的。

人心看不见，所以无形。但是中国人对人心的变动，十分有研究。我们常说"人同此心，心同此理"，意思是说大家都是人，处在相同的环境，面对同样的变数，按理说应该具有同样的想法，做出一致的反应。事实上往往并非如此，倒是"人心不同，各如其面"来得切合实际。西洋人听到"人同此心，心同此理"，大多认为有问题，他们习惯于"二选一"，在这两句话当中，选择"人心不同，各如其面"。我们中国人比较懂得"二合一"，把这两句相当矛盾的话，合在一起想。从"人同此心，心同此理"的基础，找出"人心不同，各如其面"的事实，形成我们独特的一套控制方法，从面的不同来查核心的差异，因而掌握可能的变化。

孔子认为，说话时眼睛不看着对方，不善于察言观色的人，基本上和瞎子差不多。意思是说对方的面部表情反映着他的心理变化，必须仔细观察，用心研判，抓住其真正的用意，才不致听错了，会错意，而产生误解。同时也应该适时调整自己的语言、态度，求得与对方同步，然后再测出其中的差异，作为控制的基准。

由于言语、态度仍然可以做假，所以控制的范围，随着职位的高升、责任的加重、距离的拉近而无限延伸。对于基层人员，责任不很重、距离比较远，我们不会花费太多精神来加以控制。这时候依照制度办理，三考三卡，好像就不成问题。中层干部，责任比较重，距离比较近，我们会花一些精力，考察他们的交友情况、家人相处情形以及下班以后的行为。高阶主管，责任十分重大，距离很近，有时候手表坏了、领带太名贵、家庭花费庞大、子女过分奢华，我们都不敢掉以轻心。有人向总经理表示：赌博是个人行为，属于私生活的一部分，与公务无关。只要正常上班，工作绩效良好，赌博与否，用不着上级操心。总经理则回答：私人行为，到最后还不是我倒霉！越高阶层，公私越分不开，迟早牵连在一起,所以全面无形的控制,对高阶层人员确有必要。

全面表示公私根本难以区隔,牵一发而动全身,必须样样管制,以策安全。有形的东西,大家都看得见,让当事人很没有面子,容易引起上级不相信的困惑。无形则由于大家都不愿意被控制,现在采取无形的控制,谁也看不见,不至于引起当事人的面子问题,减少抗拒的压力。就算有人提起,当事人也很容易否认,把面子保住,再做打算,比较不会引发无谓的抗争。

有形的控制,很容易被破解。为什么制度严密、执行严厉,仍然有非法之徒逍遥法外?就是因为一切诉之有形,大家看得很清楚,很快就会产生对策,来突破有形的管制。无形的好处,在随时改变,还没有摸清楚之前,就已经有所转变,怎么能破解?如何能突破?

最好的方式,就是有法中无法,无法中有法,有规定,却在规定之外,设下许多不明文、不明言的关卡。看起来有制度,实际上将例外也一并纳入控制。说起来无形,却一触犯便变成有形。反正要紧的部分隐藏起来,依据法令,只说那些不要紧的话,当事人为了顾全颜面,大多依法就范。

第四章

有效的考核要领

考核的标准,必须以"对并没有用"为前提。在圆满中分是非,是中国式管理的考核重点。

中国式管理的考核心态,最主要的特征,应该是"救人而非杀人"。

中国式管理的考绩,通常分为"明""暗"两部分,同时进行。这种先顾面子再分好坏的原则,是考绩有效的最佳保障。

计划执行之后,当然需要加以检讨,已如上述。但是整体的考核仍然有必要。因为每一件事情都要考,不但促使大家只看眼前、斤斤计较,而且容易引起情绪上的反弹,认为紧迫盯人,压迫感太大。我们凡事都要检讨,目的在于不断改善,而阶段性的整体考核,大家才能力争上游,持续求进步。

考核的标准,必须以"对并没有用"为前提。因为对未必圆满,结果和错并没有多大不同。错,当然不可以;对,真的没有用。大家才知道追求圆通与圆满。

中国人所重视的是非,是圆满中分出来的是

非，而不是为了分是非弄得彼此不团结的分离式是非。表面看起来，不分是非，实际上大家心知肚明，清楚得很。因为考核的目的，在救人而不是用来杀人。使同人知过必改，重新做人，远胜于做不好就开革掉，绩效不好就应该走人的消极处理方式。

综合考虑表示考核的范围十分广泛，不论直接、间接，甚至看起来毫无关系的事情，都包括在内。而且所有事情，都可大可小，令人不敢掉以轻心。用意在提醒组织成员，随时都应该反求诸己，多多反省，并且随时改正。人人如此，考核必然能够获得良好的成果。

考核的要诀，则是明暗、大小都要兼顾并重，以符合全面无形的原则。明的暗的一起来，大的小的都顾及，当然使人无所遁形，只好坦然面对。

先建立"对并没有用"的考核标准

西方管理在是非的判断方面,采取一种比较简单的标准:"对就是对,错便是错。"要求的程度也较为容易达成:"对就好了。"

中国式管理在技术方面,和西方所采取的标准和所要求的程度,并没有两样。但是在人的行为,也就是事的处理方面,则采取一种异乎西方的考核重点。

我们从小到大,不断地听到"对,没有用"这一类的话,却很多人忘记,或者无意间忽略,这一句话在管理上的效用,居然如此重大。

"对,你只知道你对,谁不知道你对?但是,对有什么用?告诉你,对是没有用的。"

"对,没有用。"这种观念,对中国人而言,应该是十分熟悉的。回想一下,小时候在家里和弟弟吵架，父母总是以"一个巴掌拍不响"为理由，两个孩子都罚站。站着站着，终于领悟到"对，没有用"照样被罚站的道理。现代某些教育学者，搞不清楚这种用意，居然指称这种家庭教育不合理，弄得兄弟不明是非，实在是"以不知"来衡量"所不知"，难怪会说出一些莫名其妙的评语，让大家看不起，真是自作自受。

西方人当然缺乏这种素养，以至于当他们听到"对，没有用"时，大感不解之余，连忙问道："对为什么没有用呢？"而答案竟然是"对当然没有用"时，他们就更加紧张，急忙问道："对没有用，难道可以错吗？"

请看：对没有用，难道可以错吗？这不是"二分法"是什么？"对"和"错"是对立的，不是"对"便是"错"，反过来也是如此，天下事有这么简单的吗？

我们不慌不忙地告诉西方人："错是绝对不可

以，但是对真的没有用。"可见我们已经摆脱二分法的陷阱，能够"把二看成三"，在"对""错"之外，看出"圆满"的境界，必须"在圆满中分是非"，才合乎中国人比较高标准的要求。

业务人员很对，把顾客气走了；部属的意见很对，却将上司气炸了；总经理的决策很对，各部门经理都气得不愿意接受……是不是都在证明"对，没有用"呢？

这样我们才能明白，为什么中国人"讨厌是非不分的人"，却也"不喜欢是非分明的人"。前者糊里糊涂，必然误事；后者则伤害面子，令人受不了。

不对，当然不可以。因为任何事情发生差错，总会带来若干不便，造成某种程度的损失，甚至导致重大的伤害。不对，大家都不高兴，没有人会认同。

然而对呢？若是伤害了某些人的面子，就会引起这些人的反弹，甚至恼羞成怒，造成情绪化的回应。

可见对是不够的,不可以就此满足。对之外,必须顾及每个人的面子,不伤害任何人的感情,才算是圆满,不致产生意想不到的后遗症。

在圆满中分是非,是中国式管理的考核重点。

中国人的关系,可能是全人类当中,最为复杂的。我们有伦理关系、党派关系乃至于势力关系。嘴巴上不承认,心里头大家都很清楚。

组织成员之中,伦理关系、党派关系、势力关系错综复杂。有大圈圈,也有小圈圈;有明圈圈,也有暗圈圈,要明白这许多关系,必须经过相当时间的认识,才能胸有成竹。

在中国社会,是非本身十分简单,是就是是,非即是非。然而一旦牵涉到伦理、党派、势力等关系,是非就难明了,变得相当复杂。

如果希望在圆满中分是非,最好把握三大原则。

第一,平时要以广结善缘的态度,结识各种关

系的重要人士，以便必要时商请助一臂之力。平日多烧香，紧急时才会比较心安。没有事情时，多找机会开拓人际关系，是圆满中分是非的基础。

第二，任何时候，都不要随便得罪人，以免山不转人转，有一天发生"不是冤家不聚首"的痛苦场面。由于各种关系牵扯不清，往往得罪了一个人，等于惹火了整个圈圈，岂非自找麻烦，和自己过不去？

第三，要慎重考虑，自己需不需要加入某种党派或势力圈？因为伦理关系是天生的，不可能一厢情愿地要当某人的亲人。但是党派或势力圈则是后天形成的，可以由自己决定要不要加入。是否加入，其实是有利也有弊，必须衡量相关因素仔细考虑，不应该抱持着无所谓的心态试试看再说。有时一失足造成千古恨，有时也可能歪打正着，这都不是为自己负责的应有态度，最好尽力加以避免。

就算不打算加入任何派系，也应该对组织中的各种关系有所了解,给予相当的尊重,并且自己提高警觉。要圆满中分是非,必须格外小心谨慎,一切想好了才能开口,一切想妥当了才能动手。

组织要造成这种气氛,使每一成员都能够逐渐由"对就好"提升到"在圆满中分是非"的较高层次,就应该将这种要求列入考核,并且成为重点。

任何人把事情做对,只能列为乙等。若是进一步将事情处理得相当圆满,那就给予甲等。

我们相信"玉不琢不成器"的道理,知道"人才必须经过磨炼,才能出色"。组织内"在圆满中分是非"的人越多,大家愈能考虑周全,彼此都想得长远些,后遗症自然大幅减少。

自古以来,有能力的人大多自视甚高。由于"艺高人胆大",往往显得相当轻率,并且不把同人放在眼中,只顾自己锋芒毕露。这样的人,纵使短期内有所表现,时间一长,也将制造许多问题,使组织饱受大害。

把事情做对,固然已经相当困难。要求在圆满中分是非,当然更加不容易。但是,取法乎上,经常只能达到中上的程度。为求提升竞争力,必须以让大家都有面子为目标,使大家在计划、执行以及考核等阶段,都能够克尽心力。认清"努力工作没有用,用心做事才要紧"的真义,随时关心整体目标和各人的情绪变化,将工作绩效和情绪管理结合在一起,不但工作效益要高,而且大家都很愉快。时时刻刻,互相砥砺提醒:对,并没有用;在做对之外,还要重视圆满、圆融和圆通。

要求大家"在圆满中分是非"

表面上看起来,中国人是非不分,凡事马马虎虎,不愿意切实检讨,把是非判断得十分清楚。实际上，中国人最厌恶是非不明的态度，视之为可恨的"乡愿"。大部分中国人缺少检讨的功夫，不得已才马马虎虎，心里头则一百个不情愿。

中国人应该在"是非分明"和"是非不分"之中，走出第三条路来，叫作"是非难明"。由于难明，所以必须谨慎来分辨；难明还是要明，只是过程不一样，不可以做到分明的地步，以免有人因而没有面子，不够圆满。那时候是非就算十分清楚，也是没有用的。

管理有三个主要的历程，分别是"计划""执行"和"检讨"，构成周而复始的循环，似乎中外皆然。但是西方人"检讨"起来，可以"明言"，弄得"是非分明"；中国人"检讨"的时候，对人、对事好像都有"难言"之隐，若是明言，势必得罪若干人而遭到报复。往往检讨了老半天，由于不敢直接抨击要害，以致"有名无实"，草草结束，又招来是非不明的批评。最好掌握下述三个要点，才能够慎断是非,达成在圆满中分是非的检讨效果。

第一,在公开的会议中,将责任推给制度,而不直接指出犯错误的人,以顾全他的面子。西方人公开承认错误的做法,在中国人看起来简直是自取其辱。拘于士可杀不可辱的原则,中国人地位越高,越不能够公开认错,以免部下也跟着没有面子。这时候对外可以采取"弃卒保车"的方式,由部下来顶替,让他暂时不再对外行事,隐匿一段时间,反正在内部照样可以运作,对他并没有多大影响。对内则尽量采取"家丑不外扬"的方式,在检讨会议上,巧妙地把所有责任都推给制度,常常以"谁都没有错,错在制度不完善;如果制度不修改,今后仍然会不断地出现类似的缺失"为借口,让制度来背黑锅,以顾全成员的面子。

组织领导若是采取是非分明的态度,一定要当场把是非弄清楚,把责任的归属搞明白,就会弄得人人自危,充分体现"多做多错、少做少错、不做不错"的情况。所谓"水至清则无鱼",便是"是非太分明,大家不敢做事,时时求自保,对组织反而不利"的写照。

成员如果明言此事是某人的错,某人没有面子,便会站起来说:"既然此事是我的错误,那我现在就全部承认。我有不对的地方,难道你就没有?我是尊重你,不好意思明白说出来,你却不尊重我,挑得那么明,所以我也只好一一把它说出来,请你包涵。"然后不知是真是假,说了一大堆,大家迷糊中只有一个念头:"谁叫你把他逼成这个样子?狗急都会跳墙,何况是人?"

中国人只要把责任推给制度,便可以放心地说出得失,虽然不必直接指出什么人应该负责;而被隐约触及的人,却心里相当清楚,在场的人,也都听得出来,只是不明言,暂时顾全他的面子,下一步骤比较容易施行。

第二,会后把应该负责任的人请来,私底下和

他沟通，让他放心地把一切缺失说清楚。一般人只做到把责任推给制度，以为便告一段落，以致"后续工程"未能继续完成，而功亏一篑。

具有检讨功夫的主管，必须在会议上把责任推给制度，却牢牢记住在会后将应该负起责任的人找来，私底下问他，到底缺失在哪里。这时候做错的人，心里明白"主管不当场明说、指责，是给我面子。现在还要要赖，恐怕他会翻脸无情，加重处罚，反而对自己不利。不如老实把缺失说清楚，说不定还能够获得宽谅"。

主管的态度很明朗，此时再不坦白，罪加一等；若是坦诚说清楚，大家想办法，比较方便下台。

在这种情况下，犯错的部属，大多不愿意"敬酒不吃吃罚酒"，除非后果真的非常严重，否则多半会自动说出原委，以试探的态度，先承认一部分错误，看看主管的反应，再一部分、一部分检讨出来。

主管的态度,可以决定部属"避重就轻"的比重,因此最好采取较为宽松的方式,使部属放心地陈述他的想法。尽量不要打断他的话,也不要抓住一点,就穷追猛打。等他说完一个段落,再提出若干疑点,让他继续说清楚。千万不要立即把相关人员找来当面对质,否则以后谁都不愿意说出实情,反而留下严重的后遗症。

第三,给他机会,让他能够"善补过"。除非事态真的十分严重,必须有所惩戒。不然的话,把缺失弥补起来应该优先于把错误的人付诸惩罚。

不要养成部属"用承认错误来求取谅解"的不良习惯,以为"反正做错了,承认错误就可以了事,怕什么?",因而养成"不怕犯错"的风气,也不见得有好处。

认真地把缺失矫正过来,设法把不良的后果修补起来,这才是检讨的真正目的。

有错误必须承认,这是中外一致的原则。然而,中国人不一定采取公开承认的方式,私底下认错以保留面子,似乎比较容易做到。承认之后,必须以"负责到底"的精神来寻求解决,这才是我们重视的课题。一方面记取教训,切勿再犯;另一方面力求补救,设法把缺失降到最低。这种"不贰过"的精神,才是值得发扬的。人非圣贤,孰能无过?凡事十分谨慎,有过失要认真检讨,却不一定非公开出来不可。要紧在减少损失,不要造成遗憾。

把错误推给制度,因为制度是死的文字,不致产生情绪反应。然而,大家都知道,执行的人是活的,按照死的制度去执行的活人,当然必须负起责任。我们这样做,一方面暗示他此事大家已经心知肚明,只是为了顾全他的面子,不方便直截了当地明白说出来;另一方面也鼓励他,如果真的是正人君子,就应该会后自动找主管,坦诚地检讨得失,给大家一个清楚的交代。

中国人含含糊糊的目的,是为了有面子地清清楚楚。过程模糊化，结果仍然明朗化。阳的一面，好像有所隐藏、有所遮掩，无非是为了圆满，让大家都有面子。阴的一面，则纸包不住火，终究要揭穿，要照亮，要把一切搞清楚，才能"前事不忘，后事之师"而有所警惕。

抱持"救人而非杀人"的心态

中国人做计划时，秉持儒家的精神，非把它做好不可。中国人执行时，体认道家的意识，自然会遭遇这么多的困难，不如随遇而安。中国人考核时，又自然而然，秉持释家的心态，反正已经造成如此这般的结果，就算把他杀掉，也不能改变既成的事实。阿弥陀佛，善哉，善哉，随它去吧！

打从学生时代起，我们就已经养成这样的习

惯。每逢考试前夕，无不下定决心，要好好准备，考出高分，才对得起自己。一走进考场，发现"老师出的题目我都不会，我会的东西他偏不考"，于是不慌不忙，每题都多少写一些，越是不会的题目，字写得越工整，让老师好加分。考完之后，面对公布的成绩，毫无愧色地认为："老师若不挂掉几个，不足以证明他很认真负责"，而自己则"我不入地狱，谁还愿意进入"，为了拯救其他同学而牺牲一些，当然是善事一桩！

这种儒、道、释的循环往复，充分表现中国人的包容性，能够把复杂、繁多的东西，统整起来而毫不矛盾。

中国式管理的考核心态，最主要的特征，应该是"救人而非杀人"。我们善体上天有好生之德，杀人有违天道，当然不可行。杀人在企业管理上相当于开革或辞退员工，结果还不是增加社会问题，所以非不得已，不要有开革、辞退这一类的念头。

于是，许多人抱怨：既然不能开革，记过、惩罚、降职等措施似乎对某些人来说不痛不痒，那么考核又有何用？还不是形式上做做样子，吓唬一下而已？

像这一类观念，证明许多人具有杀人的考核心态，认为"做不好就换人"，甚至"不但扫黑，而且要扫白"，好像自己永远不会被换掉，长久不会被扫到一样。出发点已经有所偏差，怎能令人心服，更谈不上心安。

考核是一种激励措施，用来救人，这才是积极的、良性的、正面的、性善的、人本的思考方式。

首先，考核必须配合事先订立的目标。没有目标，根本谈不上考核。没有目标的考核有如法官断案时采取自由心证，非常危险而不可靠。目标的订立，又必须是当事人自己的主意，不应该是上级主管替他订立的。

年终期末，让员工自己提出明年的年度计划，订立明确的目标。这时候主管有责任辅导每一位部属，寻找"可以获得良好考绩"的目标，成为"救人"的第一步骤。换句话说，明确地告诉部属，有效达成这些目标，并能获得优良的考核成绩，基本上已经划出员工的安全范围，要生要死，完全掌握在员工自己的手中。居于人类求生存的本能，员工自有办法生存下去。

人对别人的决定，只会尽力而为；人对自己的决定，才肯全力以赴。让员工自行订立计划，寻找目标，大家有了全力以赴的指标，不至于产生"自生、自灭"的彷徨。没有目标或者上级规定的目标，乃是操之在人而非操之在我的考核，难怪员工心中不够踏实。

其次，给员工比较清楚的衡量标准。让员工随时可以自行评量，更随时得以补救、调整，确保预期的效果。这是以考核救人的第二步骤，最好在订立目标、计划的时候，一并商量决定。我们不敢奢望一切衡量标准都能够做到数量化的程度。但是比较清楚的衡量标准，确实有其必要性。总要有一个双方都能接受的标准，才容易实施而减少怨言。

秤要有秤砣，这秤砣代表被考核员工的心。大家认定秤砣是公正的，心里就会坦然地接受；否则便产生怀疑，甚至不接受考核的结果。

及时提醒员工的缺失，让他调整过来，补救得宜，这是救人的第三步骤。主管不可以只顾忙自己的，无心照顾到所有的部属。常听到"我当时正忙着，没有注意到，你自己怎么也如此不小心"这一类的话出自主管之口，实在不合适。部属固然应该自己小心，然而主管的重大职责，在于监督、确保部属顺利完成工作。

提醒必须及时，不然误了时机，提醒已经失去时效，变成纯属指责，于事实并无补益，不算是救人了。

及时提醒之外，还要注意部属是否有把握加以补救，若是有困难，必须适当给予帮助。甚至调派他人，或者亲自参与，帮助部属渡过难关。

总之，一切以"确保部属圆满达成预期目标，获得良好考核成绩"为共同努力的目标，随时随地站在部属的立场，善意提醒，即时辅助。不但考核的结果皆大欢喜，而且在整个考核的过程当中，与部属建立牢不可分的一体感，同心协力，群策群力，皆顺利展现。

主管抱持"看你有多大能耐"的心态来考核部属，已经形成敌我对立的不利态势，离心离德，从此开始而越走越远。主管站在高处，看部属互相斗殴，然后评定胜负。这种"不顾部属死活"的考核心态，部属自然以"套招""虚功"来应付，只要大家都不重视考核，考核的威力就会大大降低，终至成为形式了。

放眼望去，自生自灭的人间惨境到处可见。部属浮沉于同人之间，主管见死不救便是缺乏人情温暖,彼此不关怀的工作环境,令人觉得冷酷而又孤寂。

子女的成就,是父母的荣誉;部属的成就,同样是主管的荣誉。父母救子女,为第一要务;主管救部属,同样列为第一优先。主管不应该"管部属这个人",却必须"管好部属所做的工作",因为部属个个争气,表现良好,才是主管领导有方的实际绩效。

这样说起来,部属考绩不佳,主管脸上无光,必须部属考绩良好,主管才显得光彩。可见主管用救人的心态来考核,不但对部属有利,对主管自身也大有助益。

存心杀人,须知人是杀不完的,往往终究杀了自己。存心救人,也要觉悟人是救不完的,唯有念兹在兹,不厌不倦,以"当一天和尚,撞一天钟"的心情,丢弃"功劳"的念头,更不必寄望部属"知所回报"。以平常心救人,才是菩萨心肠。中国人以"释家"思想来考核,满心"救人"而非"杀人",其真义在此。

采取"综合考虑"的原则

有些人喜欢说"全方位思考",主要是来自"八卦"的启示。站在多方面来考虑,其实就是综合考虑。中国人凡事求圆满,因此,为了面面俱到,必须综合考虑衡量标准。

综合什么呢?凡是想得到的,不论直接、间接,甚至看起来毫无关系的,都包括在内。因为"太极"是其小无内、其大无外的,所以"沾不到边的东西,也可能被视为息息相关"。

当事人再怎么想,也有想不到的事情,一旦被提及,都可能列入综合考虑之中,形成"无妄之灾"。

中国人要求特别高,几乎接近"零缺点"。完美无缺才是圣人,我们以圣人为效法对象,当然不可以有任何污点,否则一经渲染,小可以变大,大到遮住了所有的优点,造成"一失足"的千古遗恨。

然而,我们又认为"神仙打鼓有时也会打错",圣人也可能犯错。于是"无伤大雅"、小节无妨略有变通,以"大人不记小人过"的气度,大事可以化小,小到不必小题大做,给予"戴罪立功"的机会。

品质必有上限、下限,但是中国人的综合考虑,其范围之广、弹性之大,简直令人咋舌。往往听说"做得好的不一定留任,做得不好的不一定去职",理由是"综合考虑"的结果,不得不如此,使人不敢不相信"一切都是命"。若非这样解释,永远也说不通。

但是,高阶层主管绝不承认如此这般综合考虑的结果,居然和"神秘莫测"而又"无可奈何"的"命"有关。他们异口同声地说综合考虑不但合法,而且具有科学精神,理由是法治时代,一切依法办理;科学时代,凡事必须有科学依据。

主事者与当事人对"综合考虑"的认知,差距如此之大。那么旁观的第三者又将如何?这个也很简单,对主事者有好感的主流派,多半认为"理应如此""舍此别无其他更好的选择",顶多指称"虽然不理想,仍然可以接受"。同时受害的当事人,多属非主流派,马上指责"私心太重""有失公允""形成小圈圈""派系的利益作祟",而"深表遗憾"。

说中国人"不一定",实际上以上所说的种种表现,自古迄今,可以说起码十分固定,一定如此。中国人的不一定,表现在"今天采取主事者的观点,明天可能站在当事人的立场来思考",以及"上午是主流派,下午可能突变为非主流",这种"不一定",更加深了综合考虑的不一定性。审查被提名人的资格时,可以批评得一文不值,简直一无是处,而在投票时,却投同意票让他顺利过关。旁边的观众一头雾水,到底是审查时乱骂,还是投票时乱投,答案则是千篇一律的综合考虑。虽然他实在坏得不能再坏,但是居于全方位思考,还是投票让他通过。一则考虑提名人的面子;再则骂也骂过了,何不放他一马;三则让他太难堪之后又太难过,岂不结成死仇,以后如何在其他场合见面;四则有一天可能轮到自己被提名,希望审查人同样也骂归骂、投归投,以免自己受害;五则通过恶毒的责骂,已经达到自己的目的,现在让他高票当选,可以损益平衡,维持良好的关系,何乐不为。一下子可以列举许多正当理由,可见真的是居于综合考虑,<u>丝毫没有不负责任的念头</u>。

衡量标准当然应该以综合考虑为依据,因为唯有通过全面性的思考,才有办法不偏不倚地衡量出得失、利害与是非、善恶。而综合考虑，即不可以挂一漏万，当然不能限于既定的文字条目，根本连衡量的项目都不确定；当然谈不上量化，最后所呈现的数字，也不过是综合的、概略的、比较的、相对的一种代表符号而已。

中国人的业绩，除了工作表现、人际关系之外，还要扩充到天人关系。所以上班除了好好工作、好好做人之外，还要讲求"人在衙门好修行"，好好修行一番。

这样一来，中国人工作多顾及人缘，而行事多讲求自然，也是综合考虑的衡量标准之下必然的修养。居于天人合一的大系统之中，人人都理应如此，才能因应综合考虑的全面考察。

我们常常批评"考试领导教学"，但是教学的结果若是不能通过考试的要求，难道就是好的？如今"衡量标准决定个人的行为"，是不是同样证明"有这样的衡量标准，必然产生中国人的一些管理行为",甚至"能够通过综合考虑的衡量标准,必须具备中国人的某些管理行为",我们还有什么好抱怨、好怨叹的?

人、事、地、物、时,还要加上随时加进来的变数,我们称其为"程咬金系统",因为它经常事先没有任何预警,忽然从半路中杀将出来。凡此种种,都是综合考虑的衡量项目,怎么可能明文规定一切透明化、制度化、数量化呢?那不是过分强人所难的要求吗?

综合考虑既然是正确的、必然的,有其事实上的需要,而综合考虑的项目也必须无所不包,又随时可以排除某些项目。为了综合考虑的缘故,非将这些项目暂时排除或搁置,以收"戒急"之效,我们当然也不应该有什么话说。那么,我们就应该依循综合考虑的精神,做好万全的准备,以便顺利通过衡量标准而对得起自己。这时候及早学习中国式管理,便成为当务之急,不可不善体中国的自然生态、社会风气以及文化特性了。

最要紧的,还是主持综合考虑的人,必须真正公正,而又敢于承担"不公平"的罪名,勇敢地说出"保证公正,实在无法公平",大家就比较容易产生信任感。多找一些人商量,就算有人批评为"找人背书",也比独自一个人"闭门造车"来得好些,这也是中国人要有"班底"的一种理由。连班底都组不起来,可见已经到了"众叛亲离"的地步。然而有班底又会招来"小圈圈""核心人物朋比为奸"的指责,如何在这两者之间,找出合理的平衡点,才是综合考虑经不经得起考验的主要关卡。

鼓励大家"反求诸己"

凡事非检讨不能进步,但是事在人为,一检讨起来就和人有关,很容易因牵涉到面子问题而难以施行。

人总是爱面子的,一个人如果到了面子也不爱的地步,几乎缺乏"羞耻之心",大概会越来越可怕。

爱面子是人之常情,检讨事情的时候,常常想起"此事系某人所为",或者"谈这件事根本就是冲着我而来",很快就和面子挂钩,紧密地结合在一起。

我国先哲深知这种人性的特点,所以一再告诉大家,检讨的唯一可行方式,在"反求诸己"。

曾子说得好:"吾日三省吾身:为人谋而不忠乎?与朋友交而不信乎?传不习乎?"

中国人的"自主性"很高,不喜欢被管,不接受别人的摆布,喜欢自作主张,由自己来拿定主意。自主性高必须伴随着自律性强,自己管好自己,所以"修己"非常重要。不喜欢被管,当然要自己管自己了。

自律才能自主，律己越严，越能够从别人的尊重中获得高度的自主。养成自律的习惯，每天以三件事情来反省自己：替人计议事情，有没有尽心？对朋友有没有不诚信的地方？传授给别人的东西，自己是不是够纯熟？这三件事分别反省检讨，以求日有进步，日新又新。

孔子主张"君子不器"，认为一个人不能像器具一样，随人使用。盲目顺从上级的指使，随时接受他人的摆布，和器物有什么两样？孔子说："事君尽礼，人以为谄也！"可见中国人逢迎、巴结、讨好上级，并不是正当的行为。反而应该"君使臣以礼，臣事君以忠"，上司看得起部属，部属对得起上司，才是正道。

自律的人，必须做到孔子所说"见贤思齐焉，见不贤而内自省也"。见到比自己表现得好的人，要用心向他学习；见到比自己表现得差的人，不必嘲笑他，反过来看看自己有没有不足之处，以免有一天表现得跟他一样差。孔子说这种话的时候，贤和不贤有一定的标准，大家才有办法比较。现在贤和不贤的标准乱掉了，缺乏一定的标准，比较起来，好像更加困难。

现代化的见贤思齐，逐渐变成"见到西洋人的所作所为，务须尽力学习"，见不贤而内自省则形成"见到中国人的行为，赶快从丑陋面来加以解说，以表示自己与众不同，不是普通的中国人"。缺乏自信的人，实在没有资格说什么"他山之石，可以攻玉"，因为他山、自山的来龙去脉，没有一样弄得清楚，何以攻玉呢？

孔子当年十分感慨地说："算了吧，我看了那么多年，还没见到一个知道自己的过失而又能够自责的人。"

自己检讨自己，一旦发现错误，岂非没有面子？所以借口诿过，就成为保全面子的常用计策。不料死不认错，已经成为"不要脸"，和"没有面子"

脱离关系了。不要脸是不讲理的代名词,死不认错当然是不讲理,中国人最不喜欢这种人。

要保持爱面子而不至于不要脸,最好记取孔子"不贰过"的教训。人非圣贤,孰能无过?只要切实检讨,记住,不再犯同样的错误,便没有什么面子问题了。

遇到缺失,先承认这是我的错,大家比较不紧张,面子问题比较不那么要紧,也就各自认错。在大家各自检讨声中,寻求错误的重点,应该比较方便。

过失是争出来的,不是推出来的。大家争责任,责任自然分明;彼此推责任,就会归咎于权责不清。大家争着承认过失,大大小小的缺失都会说出来,很容易认清过失的真相,下次比较容易避免;大家互踢皮球,把缺失推给对方,推来踢去,始终抓不住要点,不久便会重蹈覆辙,一犯再犯。

率先指责别人的错误,无非在以其他人的面子问题逼迫其防卫自己，找借口规避责任，甚至反过来咬自己一口，把责任完全推过来。

中国人"二合一"重于"二选一"，总觉得"一个巴掌拍不响"。任何缺失，似乎都不是某一个人独力造成的。认真检讨起来，好像大家都有错，只不过或多或少，程度上有一些差异而已。

只要有人勇敢地承认错误，其他的人比较容易受到感应，也勇敢地跟着承认起来，反正大家都有错，后果比较容易承担，怕什么？认了。

孟子提出"居上先施"的定律，认为某些事情，由上级先做，部属自然放心地追随。上司率先承认自己的缺失，部属当然接二连三地坦承自己的过错。

孔子最担心的是"不善不能改"，发觉自己不对，还不能革除。要改变自己的不对，必须有面子地承认不对的地方，才会下决心加以革除。

上司先认错，部属自然不好意思，这时候面子问题变得很奇特,忽然觉得不承认错误反而没有面子,跟着上司坦承自己的缺失,才是有面子的人。这是促使部属自省的有效动力。

常见的情况是部属承认错误,上司立即加以指责,同时把所有责任都推给他:"他自己承认的,还有什么话讲?"这才弄得部属不肯承认缺失,也不愿意承担责任。上司这种常见的"不善",是不是应该"能改"呢?若是一直"不能改",部属又怎么敢改变呢?

孔子对自己的愿望,不过是"可以无大过"。可见"小过不断"并不是什么骇人听闻的事情,我们常骂人"大过不犯,小过不断",好像是不可原谅的罪过。其实"多做多错"不正是"小过不断"的根源吗?上司不喜欢"小过不断",部属只好以"不做不错"来保护自己,又有什么不对的地方?

容许部属犯错,部属才敢多做。只要是无心的小过,最好不罚,部属才敢自省,也才敢坦白承认。

有意的、违法的、大的过错,当然要罚。罚大的,不罚小的,大家自我检讨的结果,才会放心地说出来,只要下决心革除"不贰过",就可以无大过了。

要诀在"明暗、大小兼顾并重"

西式管理的考绩,主要在奖励功劳。贡献度越大,考绩越好,年终奖励越多。但是在员工心目中,难免具有"算账"的味道。一年下来,算一算总账,到底功过如何?而且还有"杀人"的威胁性,只要表现不佳,就有被裁掉的可能。像艾柯卡那样高阶的人物都会被撤换,何况一般的泛泛之辈。

中国员工都十分谦虚,不敢说自己有什么功劳。因为我们很明白,功劳是上司给的,不是自己能够抢得到的。上司认定有功,我们就有功劳,这时候还要谦让一下,功劳才会更大。如果自己夸口有功,上司便会提高警觉,把功劳抢回去,淋一淋冷水,让我们头脑更加清醒,毕竟所有的功劳,都可以轻易地一笔勾销。

我们不敢居功,认定自己有功劳。因此,我们常说:自己没有功劳也有苦劳。而且每人每年,同样拥有365天,可见大家的苦劳都差不多,至少自己不能输给别人,否则就等于不认定自己的苦劳,因而觉得相当疲劳。

鉴于这种"功劳"人人想要,却不便启齿,"苦劳"人人敢要,只是不以此为满足的心理需求,中国式管理的考绩,通常分为"明""暗"两部分,同时进行。

明的考绩,是考核"苦劳"的部分,大家都差不多,通常依照年资的深浅,给予"大家都一样"的考绩奖金,使大家支领起来,觉得有面子,没有输给别人,而认为很公正。

暗的考绩，反而是用来考核"功劳"的部分，有大有小，差距很大。由于采取"暗盘"的运作，私底下发放考绩奖金，让大家都不至于没有面子，因而觉得相当公平。

中国人的要求标准比较高。有明的考绩，大家都差不多，这时候大家觉得很公正，却完全不公平。因为这种齐头式的奖励，等于鼓励大家混日子，看谁活得比较久，年资长些，奖金就多一些。有暗的考绩，有多有少，大家认为很公平，却觉得面子上受到伤害，没有办法向家人交代，只好猛发牢骚，指责上司不公正、偏心。有明加上有暗，面子和实绩兼顾，当然既公正又公平。

明的部分，依据各人的年资，大家发放同一标准的奖金，激励作用不大，所以不能多给。这一部分，使得员工拿回家的时候，不至于由于领得比别人少而没有面子，主要在对家人有所交代，表示自己天天上班，表现得很好，并没有不如别人的地方。

如果家人听说其他的人另外有暗的奖励,而且数额比明的更大,当事人可以否认:"没有这回事,不要听信别人胡乱说。"然后下定决心,明年要好好努力,把那暗的奖励争回来。等到第二年得到暗的奖励,这才放心地向家人夸耀:"去年我看老李比我更需要钱用,所以把功劳让给他。今年我稍微表现一下,你看,这还不是立刻到手。"够神气,够威风,更加有面子,对不对?

暗的部分,依据各人的实际表现,贡献大的发得多,贡献小的领得少,而且差距可以拉得很大,更加具有激励作用。王永庆为台湾地区的经营之神,有很多值得学习的地方,其中善用暗盘的激励,使大家不得不全力以赴,便是十分有效的方式。

明的暗的一起来,一方面顾全大家的面子,一方面激励大家好好表现。这种先顾面子再分好坏的原则,是考绩有效的最佳保障。

对中国人而言,让他有面子,什么都好商量。

这时候再来分高下,他会努力表现。让他没有面子,很容易引起情绪化的反应。这时候再公正,他也觉得自己受尽委屈,始终认为不公正,所以不服气。

考绩不可以用来"算账",因为算完账,不管得失如何、功过如何,时间都已经流逝,一去不复返,是一种无法弥补的损失。

上司应该善用考绩来激励部属把握时间把工作做好,不可以等到时间流逝,再来一五一十地算总账。

一年之始,上司便应该进行考绩,而不是等到一年结束,才翻开旧账,逐条清算。

每年的12月份,实际上就是第二年的开始。这时候上司应该把部属个别请来,跟他谈一谈明年的工作计划,告诉他有哪些工作等待他去做,让他明白只要把那些工作做到什么样的标准,他就有功劳,可以获得一些暗盘的奖励。这种先给予期待的考绩精神,不但可以把他留下来,不用担心过完年开工的那一天看不到他的踪影,而且让他心里有充分准备,要按照所期待的标准,好好地"演出",绝对不可以失常或产生误差。

先给他期待,让他好好去达成,然后再来奖励他。这种"立于不败之地"的考绩方式,才能鼓励员工,稳当地表现,必然地获得,丝毫没有下赌注的不安定感觉。因为功劳是上司期待自己去达成的,从而更加有把握。

考绩不必用来"杀人",反而应该用以"救人"。表现好的人,让他更好。表现得不理想的人,也不必急于"杀掉"他,再给他期待,再给他机会,把他救活过来,毕竟"人是旧的好",常常换新人,不如把旧人激励好,使其继旧开新,有新的良好表现。

考绩的时候,先考团体然后才考个人,大家才会乐于接受。先把单位的目标定下来,依据目标达成率来考核各单位的成绩。考核出来的成绩,成为这个单位中各个成员考核的依据。通常单位考核列为优等的,这个单位的成员,都应该获得优等。就算其中有一两位表现得不够理想,也让他们沾光,蒙受单位的福荫,以增强其团队意识。单位列为甲等的,这个单位的成员,80%为甲等,20%为乙等。单位列为乙等的,成员20%为甲等,50%为乙等,30%为丙等。单位列为丙等时,成员全部考成丙等。其中的百分比,可依单位的性质与历年的表现来加以匹配。采取单位和个人合一的考核,配合明暗的措施,考核才能有效。

第五章
圆满的沟通艺术

在沟通方面,我们最重视圆满,也就是设法让每一个人都有面子。

沟通要求圆满,首先必须在真实性质之外,考虑其妥当性。

对不同阶层的人,采取不一样的申诉方式,是伦理的因素,而不是势利的表现。

会而不议、议而不决、决而不行运用得恰到好处,自然有妙不可言的功效。

就硬件来看,全世界的管理都差不多,大致上没有什么不同。但是就软件来分析,以中、美、日为例,各有不一样的做法,不能稍有懈怠,否则就会失效。

其中最大的差异,可以说在于沟通、领导和激励。换句话说,希望走出具有华人特色的管理之路,必须在沟通、领导、激励这三方面多下功夫,确实掌握中国人在这些方面的特殊习性,才能合理而有效的进行管理。

在沟通方面,我们最重视圆满,也就是设法让每个人都有面子。因为在沟通的时候,只要有人觉得没有面子,就会引起情绪上的不满,制造很多问题，不但增加沟通的困难，而且会产生难以预料的不良后果。

沟通要求圆满，首先必须在真实性质之外，考虑其妥当性。真实固然重要，不妥当则再真实也可能受到伤害。妥当与否？实在很难说，所以不明言常常是沟通的基础，唯有站在不明言的立场上把话说清楚，才不至于一开口就伤人，结果害了自己。

对不同阶层的人，采取不一样的申诉方式，是伦理的因素，而不是势利的表现。

最常见的会议沟通，务须冷静下来，重新审视，会而不议、议而不决、决而不行的真正用意，运用得恰到好处，自然有妙不可言的功效。

圆满很不容易达成，却值得大家好好用心追求！

妥当性大于真实性

中国人普遍认为自己十分诚实,却老觉得别人在骗来骗去,这究竟是什么道理?

一个中国人十分诚实地把心中的话说出来,其他的人并不认为如此,总认为他在骗人。尽管重复说好几遍,而且信誓旦旦,一再宣称自己说实在话,仍然引起大家的怀疑。自己越保证,别人越不相信,奈何!

产生这种差距的原因,在于中国人有一个表达原则,那就是"妥当性大于真实性"。基本上我们认为在说一些真实的话,实际上大多在表达一些妥当的陈述。

"明天请支援我三个人。"甲说。

"实在没有办法,我自己也忙不过来,人员调动不开,非常抱歉!"乙回答。

甲很不高兴,因为事先私底下协调,乙已经答应在先,为什么忽然变成这个样子,令人费解。

乙完全没有不诚实的感觉,他只是把话说得妥当一些,并没有欺骗的意思。

私底下协调,当然可以明说没有问题。如今当着老板的面,我如果答应得爽快,直接把真实面说出来,老板会不会认为我这个部门人多事少,想办法把人减少一两个呢?若是如此,岂非自找麻烦,还要惹人笑话?

乙这样回答,是一种妥当的表述,但是听不懂的人,真的以为他在拒绝支援,不免失望而觉得他不诚实。

明眼的老板,自然意会到甲不可能那么冒失,事先没有征得乙的同意,便冒冒失失地当众提出支援的请求。他也应该知道乙不是言而无信的人,只是基于保护自己,以免引起不利于己的误会,才如此回应。

高明的老板，不宜立即介入。他会静待甲的后续动作，看看他的修己功夫好不好。

甲如果不高兴地说："怎么啦？我昨天向你提起的时候，你不是答应得好好的？为什么现在反悔了？"表示甲的修己功夫很差。对同人连起码的信任感都没有，让他吃吃苦头是应该的；而且如此真实地明说，以后怎么和乙相处？只好说："人员调度的事宜，你们两个再研究研究。"暂时予以搁置，看看后面的进展如何。

修己功夫良好的人，应该明白乙并不是不可信任的，他只是把话说得妥当一些，不算骗来骗去。这时候甲会反省自己，把话说得太真实了，不够妥当。因此赶快接着说："我知道你很忙，但是我确实有需要，请务必支援。"其实这句话早就应该说出来，不要等到乙的点醒，才紧急补救。

老板看出甲的涵养和乙的功夫，这才施展出自己的本事，说："我实在抱歉，让大家忙成这个样子。

你明天尽可能支援他两三个人,你这边如果忙不过来,我来想办法好了!"

甲若是高明,一开始便应该这样说:"我知道你很忙,但是我实在需要你的支援,会后我们再来商量一下人员的调度,好不好?"

乙大概会这样回答:"你每次再忙也都设法支援我,我虽然忙碌,支援你也是义不容辞的。"

然后老板说:"让你们老是支援来支援去的,实在不好意思,这样吧!有什么我能够做的,叫我来帮忙好了,千万不必客气,反正我闲着也是闲着。"

大家都说妥当话,是不是在和谐中圆满解决问题呢?那也未必。每次都这样,便是"大家虚情假意",口中传说一些好听话,完全没有解决问题的诚意。假惺惺,说的话听起来够肉麻,大家都厌恶,不可能收到圆满解决问题的效果。

说妥当话,必须具备实际解决问题的诚意。甲事先和乙商量,不能公开地进行,是顾及乙的立场,让他比较方便表示意见，所以乙满口答应，是因为老板不在场，也没有其他人听到，当然放心地直接表明乐于支援的态度。人情做到底，因此答应得十分爽快。

没想到甲竟然糊涂到在老板面前如此直截了当地说出要求，这种"明天请支援我三个人"的真实话，等于公开宣示"我们两人事先已经充分沟通，而且乙答应得很爽快"，完全不顾乙的立场，乙当然消受不了。

把"明天请支援我三个人"这一句真实话，稍微修饰一下，说得妥当些，变成"对不起，我应该事先征询你的可能性，不过去看过你两次，看见大家都很忙碌。现在冒昧请教，能不能明天想办法支援我两三个人？一天就好，后天一早就归还"。

中国人刚刚见过面，常常避不提及。而刚刚见面，没必要说得那么清楚明白："初次见面，幸会，幸会。"令人觉得明显地"划清界限"，恐怕也值得商榷。含糊一些，岂不是留下更大的弹性空间？

乙明明和甲事先商量过，现在甲这样陈述，当然不是存心欺骗，而是在老板面前，侧面描述乙部门忙碌的情况，让乙能够放下心来，答应"尽量想办法"。

私底下说一些真实话，公开场合调整得妥当一些，这叫作公私两便。有人脑筋转不过来，硬是搞不清楚："怎么讲得好好的，又变了？"其实一点儿也没有变。

老板听见部属的妥当话，一方面高兴部属互相尊重，同时也尊重老板；另一方面则要确实查明，这妥当性与真实性之间，到底有多大差距？若是差距很小，有必要调整一下人事；如果差距很大，便要提高警觉，部属善于演戏，必须合理地拆穿其西洋镜，才能纠正歪风。

管理从某一种角度来说，便是"控制其差异性"。任何差异都值得注意。采用合理的成本和方法，来加以控制，使差异的变化合乎控制的标准。

语言或文字沟通，同样需要合理的控制，才能收到预期的效果。妥当不妥当，便是合理不合理，所以仍然以合理的妥当、合理的真实为拿捏的尺度。

中国人不会问客人"会不会喝酒"，因为没有一位客人会诚实地回答："我很会喝酒。"很可能问了等于白问，根本得不到真实的答案。

"喝什么酒"比起"你会不会喝酒"所得的答案比较可靠。"不喝酒"和"不会喝"之间，有一些差异性，必须仔细分辨，给予妥当的处理。

以不明言为基础

中国社会的道理，大多是相对的。对中还有一部分错，而错中多少也有一些对。不透明化还好商量,一旦抖出来,谁也不见得好过。"以后还要在其他场合见面",成为最有效的半透明保留原则,何必嘛,是不是?

中国人请客,帖子上简单明了八个大字:敬备菲酌,恭请光临。内容非常不透明,不知道为何宴客。

接到帖子的人,若是打电话去问请客的缘由,主人一定笑着说:"没有什么啦,大家聚一聚,真的没有什么。"这一来大家全都明白:一定有事,不然为什么一直说真的没有什么。主人笑的意思倒是相当明显:你还问我,叫我怎么说呢?难道你不可以自己去打听,还来问我,岂不是叫我为难?

明说,实在很为难,因为听的人非常不高兴。

那不明言有什么好处?分析起来真的是好处多多。

第一,不明言才不致使自己站在亮处,曝光太多,让人家一目了然,很容易加以掌握,甚至抓住

弱点。明言的人，把什么事情都说出来，在中国人眼里，真是十足的"口没遮拦"，不但可怕，而且迟早被人家套得光光的，落得什么筹码都没有，任人摆布。

第二，不明言才有回旋的余地，不至于逼死自己。反正话还没有说出嘴，怎么改都可以，才够灵活。明言的人，把话都说清楚了。一旦发现对自己不利，根本没有改变的可能。所有的话都是自己亲口说的，既变更不得，又抵赖不掉，岂不苦恼？又招人笑话。

第三，不明言才能引出对方的本意，因为他搞不清楚底细，才肯原原本本地说出来。啊，原来如此！明言的人，率先把自己的意见说出来，别人就不愿意明确表示不相同的意见，只是口头上顺着明言的人，心里头依然有他自己的念头，奈何他不得。

一个社团如果从不明言到底有多少财产，成员还会糊里糊涂地按期缴纳会费。如今一旦透明化，许多成员就觉得既然有那么多财产，为什么还要会员缴费，其实还可以把财产所得的盈余和利息，按月发一些活动津贴，才是名副其实的主权在会员，照顾会员的福利。

何况透明化的结果，必然引起很多人的怀疑。真的百分之百透明？有没有隐藏？结果虽然透明化，过程呢？好像并没有透明化。于是进一步要求过程也拿出来公开，以致争论不休，闹得难以收场。

中国人重理，以合理为评量标准，不接受"恶法胜于无法"，却要求不合理的法必须立即修正。否则法本身已经不公平，依法也不能令人信服。

理的特性，变动性相当大。公说公有理，婆说婆有理，见仁见智，岂能同日而语？在这种情况下，不明言才能兼顾各种不同的立场，令公婆都觉得有面子。一旦明言，就会造成几家欢乐几家愁的结局，对说话的人非常不利。一明言便成"烈士"的案例，说来令人心寒。

不明言当然不是迷迷糊糊,因为中国人最厌恶糊里糊涂的方式。不明言是心里清清楚楚,却表达得含含糊糊,所以是一种清清楚楚的含含糊糊。

不明言的目的,在于"让应该知道的人,知道内容;让不应该知道的人,知道皮毛"。这种"以应该不应该为标准,来施行公开不公开的划分",不但合理,而且符合中国社会"大小眼"的特性。

中国人知道纸包不住火,迟早会水落石出。所以明言与不明言,最后是一模一样的。不明言根本不足以欺骗任何人,它只是让大家觉得有面子,纯属短暂的过程。

最好做到"会而不议"

会而不议,基本上包括两种不同的情况:第一种是"开会时大家不开心议题,也不用心商议"。见面打哈哈,别人发言时打哈欠,被问时笑哈哈,听得高兴时哈哈笑。这种情况,不但不能产生会议的正常效果,反而容易被有心人利用,作为不法勾当的背书工具,当然是不好的现象,应该受指责,更应该想办法加以改变。

第二种意义则是"会前已经充分沟通,建立共识;开会时又没有什么变数,不必多商议即能获得大家都能接受的答案"。请问,这有什么不好?

这两种截然不同的气氛,实际上都和主持人的领导风格密切相关。主持人希望大家"会而议",大家会前就心怀鬼胎,秘而不宣,彼此互不沟通,以期会议中各显神通,让主持人刮目相看而视为杰出人才。"会而议"演变成为大家互相攀比、各争功劳的局面,就会引起恶性的竞争,造成同归于尽的凄惨结果。因此,鉴于"上有政策下有对策"的精神,成员为求自保,逐渐形成"会而不议"的第一种情况,可以看成"会而议"的一种反面。反正"会而议"可能死得很惨,不如会而不议听天由命来得省力又省事。

第一种会而不议,问起来大家都厌恶,打听起来却又众人皆如此,这不是矛盾吗?不矛盾,是理所当然,势所必然,迟早会产生这种后果。因为中国人的习惯,喜欢直言,却又消受不了,觉得很没有面子,有时会恼羞成怒。请听这两句话,便知其中奥妙:

1. 你的意见很好,当然应该说出来。
2. 但是,你怎么可以这样讲呢?

你应该讲,却不应该这样讲。讲得我生气,当然算你倒霉,江山代有冤死鬼,都是祸从口出的直言不讳者,叫人怎么敢"会而议"呢?议得合意还好,若不合意,"你怎么这样讲"的罪名,有谁承担得起?

还有,中国人"会前、会后都比较容易沟通,偏偏会议时大家面对面,最难沟通"。为什么一定要强人所难,务求"会而议"呢?会前、会后比较不容易引起面子问题,会议时大家聚集在一起,面子最容易产生问题,当然也最容易出问题,最好会而不议,比较安全。

我们常说"见面三分情",却没有人说"会议三分情"。会前、会后的见面,属于非正式的,不必分输赢的,就算分出输赢也没有别人在场亲眼看见,必要时可以否认,当然能够放心地以三分情来彼此缓和一些压力。会议时的见面,属于正式的,随时要分出输赢,而且在那么多人面前,更不容许自己丢人现眼,因此三分情使不出来,反而要故作一切依法,对事不对人,结果不但增加沟通的困难,而且更加容易得罪人。

对中国人而言,会议固然是自我表现的良机,却也同时是埋葬自己的场所。两者之间,如何妥为抉择,经常是对前者毫无把握,因为决定权在上级,而后者则自己比较容易规避,只要记住"少开口没有人会把你当哑巴",便能够确保"无过"。考虑的结果,大多采取"会议中少发言,会后再来加以痛批"的"自我平衡"策略,安全第一,不是吗?

我们的建议,中国式会议最好以"3∶1∶3"的过程来进行。意思是会议如果预计一个小时,大家就要在会前花三个小时来充分沟通,会议时获得一个富于弹性的共识,会后再花费三个小时,依据这个共识来进一步彼此沟通,寻找可行的途径。会前沟通,应该是开会有没有效果的基础,不可以把一切希望,寄托在会议上面,以免造成"会前不用心,开会乱讲话"的恶果。

主持人首先要确立自己的开会政策:一是不召

开不必要的会议，能不开就不要开。只有必要的会议，才允许召开，以免浪费时间、人力和物力，造成成本的增加。二是不容许没有效果的会议，否则要追究申请召集会议者的责任，为什么让会议开得没有效果？使大家对会议不敢掉以轻心，反正到时候看到什么情况再出什么主意，何必会前多操心？或者会前埋头苦思，准备在开会时一鸣惊人，压倒所有同僚，成为主持人的爱将，却又成为大家的共同敌人。这两种情况，都可能产生会议的反效果，必须加以避免。三是既不鼓励也不压制大家发言，有话请说，要说到大家都有面子，没有人发脾气的程度，才算发言高手，有资格在会议时发言。否则会前就应该把自己的意见告诉承办人员，让他去承担风险。无话可说或者有话不敢说的人，让他们尝尝一片沉默的可怕，主持人越不开口，大家便越不自在，看以后大家会不会逐渐改善。主持人少说话，大家才不得不开口。主持人爱说话，大家心知肚明，找大家来听训的,开会不过是好听的名堂,省省力气吧!

开会要求产生效果,必须会前多多沟通。这时候比较没有顾虑,比较不容易当场令某些人难堪,比较不会引起主持人的立即判决,沟通起来,多半比较顺畅。

会前沟通的良好基础,在于"谁也不必居功",因为主持人不会把会议当作"斗兽场",让大家在会议中做困兽之斗。功劳是推出来的,不是争出来的。大家心存不争,或者懂得用让来争,自然会前能够毫无保留地实话实说。只要会前充分沟通,达成某种程度的共识,会议时大家依此共识放心地补充和引申,不致当面有过节儿,当然没有人会引起面子问题。这样的会而不议,才属常态,成为中国式管理会议的最佳方式。

用"议而不决"来达成一致

会而不议,却能够获得共识,使大家下定决心,要按照共同的认知而用心达成任务。既不必在会议中大费唇舌,也不用担心言词得罪同人,引起会议抵制的麻烦。由于会前沟通得宜,会议中轻轻松松,就顺利通过,实在是大家都愉快的会议方式,合乎安人的要求。

若是会而有议的必要,非议不可,主持人就应该提醒自己:此事尚未达成共识,不是会前沟通不良,便是彼此之间仍有歧见。最好不要做成决议,以免造成后患。

凡是和中国人相处较久、比较了解中国人的西方有识之士,都会体会到中国人没有办法讨论的特性。韩非子在《说难篇》中,列举十五种情况,以显示表达意见不妥当足以危害自己性命的可能性,到今天为止仍然存在。譬如会议中有人赞成也有人反对,会后在外面流传整个的过程,常常引起当事人的不满,认为开会时的主张,何必在会后向他人张扬,是不是想夸示自己的高明,而置同人于难堪的境地?如果造成权益受损者的反弹或威力,岂非更为不利?工作中的若干阻力,来自会议过程中意见的冲突或不和,应该是许多人心有同感的事实。中国人常把议决看成会议中派系的对决,将通过与否和派系的面子与实力联系在一起,情绪的激动往往取代理性的判断,是议而不决最有力的支撑点。

主持人是会议的召集人,不应该成为议案的裁决者。如果主持人可以裁决,与会的人就会遵循韩非子的提示,将主持人急于要办的事,说成对大众有益而极力吹嘘其好处。同时把主持人不想办的事情,描述成毛病一大堆而加以反对。一切以猜测主持人的好恶为依归,还有什么公理可言?主持人有权力裁决而不行使,才是尊重大家的表现。

主持人不必裁决,却应该发挥"以不裁决来裁决"的魅力,在不伤害任何人面子的情况下,达成决议,才符合"圆满中分是非"的标准,不至于引发不良的后遗症。

遇到会议中对某些议题不能迅速达成决议时,主持人最好明白宣示"既然大家对这个议题还有不同的意见,不如会后好好沟通,改天再找时间商议"。因为中国人"会前好商量,会后也容易沟通,就是会议中面对面,很容易引起意气之争,反而不好商量"。

散会的时候,主持人大声对某甲说:"有没有时间,到我办公室谈一谈。"大家便充分知晓,主持人对某甲的意见情有独钟,比较支持。但是他用这种不明言的表达方式,一方面表示顾及大家的面子;另一方面也表明此事仍有商量的余地,不一定某甲的意见必然获得支持。

某甲到办公室,主持人依然不明确表示支持的态度,只是再询问一次:"对这个议案的意见如何?"这时候某甲如果自信满满,丝毫没有谦让的心态,主持人应该提醒他:"这么好的意见,为什么还有人不赞成?"希望他再进一步,寻求大家都能够接受的答案。若是某甲谦虚地表示:"其实我的意见并不周全,至少可以再折中一些。"主持人就给他时间,让他自己去沟通。万一某甲的意见真的很好,却又难以沟通时,主持人可以打电话请来不赞同的人,让双方坐定,轻松地说:"我始终听不清楚,你们两个人的意见有什么不同,能不能再说一遍,让我仔细听听?"相信两人很容易就达成协议,不再强调自己的独特之处,或者坚持自己的高明见解。

主持人应该有判断力,却居于尊重大家的立场,并不明显地表现出来。与会人士,应该具有"提出好意见,也能够让大家乐于接受"的本事。有好意见,却不能让大家听得明白,终究是"有能力,却缺乏本事",未尝不是一种遗憾。主持人有裁决权而不动用,大家有面子地接受良好意见,才能全心全力地支持决议,真正发挥协同一致的合力。凡是伤害面子的决议,势必引起某种程度的抗拒,产生某些形式的阻碍,最好先行预防。

议而不决,实际上是议而决的,也就是用议而不决的形式来达成议而决的目标。采用这种方式,至少有以下三大功能。一般人不容易了解,才会盲目去批评。

第一,加强大家的会前沟通。如果不这样做的话,到时候有人不同意,不论是真是假,主持人都不予裁决,既延误了时间,又要被追究责任。为什么拖到这种地步还寻找不出可行的决定?徒然增加自己的苦恼。主持人议而不决,却将责任推给部属,岂非有效的绝招?

第二,减少大家的意气用事。一旦动用表决权,就会造成若干人的紧张气氛，制造出几家欢乐几家愁的局面。被逼得紧了，就会想反正豁出去了，管那么多做什么？于是意气用事，也在所难免。在这种情况下，决议的品质严重受损，才是伤害组织目标最为不利的后果。

第三，促使大家重视会后沟通。议而不决，当然不是永远不决定。大家都知道非决不可，只是暂时不决，留待大家会后沟通，以利下次会议时，能够会而不议就达成共识。主持人能决而不决，主要是考验大家有没有达成决议的热忱。如果希望早日获得决议，必须及时做好会后沟通，以免耽误时间，使许多工作难以推行。

真正的议而不决，是高品质的议决。要求全体人员同心协力，最好议而不决，在圆满中获得决议，方为上策。

"决而不行"才能及时应变

决议之后,不管遭遇任何变数,都盲目地坚持依决议而行,属于办公心态,却完全没有做事的诚意。

"为什么这样办呢?不是出现了一些变数,为什么不考虑一下,调整调整,让它更加合理呢?"

"没有办法呀,决议如此,我只能遵照办理。"

这样的对话,充分显示只求不违反决议,并不留心大家的感觉,也不关心事情的后果。坚持决而行,实在不是什么了不起的事情。决而不行,有时候反而效果更好。可见决而行和决而不行,不必二选一,却应该二合一。有时候决而行,有时候决而不行,更加受人欢迎。

议决案行得通,没有出现什么重大的变数,当然应该依决议而行,不能擅自变更,以免引起大家的怀疑和指责:明明这样决定的,为什么不切实执行,却要节外生枝?是不是有什么私人的因素?会不会因私害公?

万一决议之后,产生某些重大的变数,坚持依决议而行,可能招致若干不利的恶果。这时候当然不能盲目决而行,而应该依实际情况权宜应变。即使决而不行,也应当受到鼓励,而不是一味依照决议案来加以评估,限制其应变,把好意看成坏意,影响执行的效果。

在决而行和决而不行之间,有一个取舍的标准,就是我们常说的"合理"。合理的决而行与合理的决而不行,都是正当的行为。反之,不合理的决而行与不合理的决而不行,都应当受到质疑,追问其动机,并且及时加以制止。问题是合理不合理的界限,十分难以认定。大家为了明哲保身,大多坚持决而行,以免承担责任。真正有心做事的人,才愿意决而不行,却受到不明事理的人的恶意攻击和批评,难免心有不甘。

当今之世,属于快速变迁的时代。任何决议案产生之后,难免会出现若干变数。如果抱持决而行的心态,就会无视内外环境的变数,盲目依据决议案而行。这种态度,其实相当不负责任,不应该得到赞扬。

不如采取决而不行的心态,站在不按照决议案的基础,依照决议案而行。这时候才有相当的警觉性,对于决议案的任何细节,都能够以合理与否来加以检验。合理的部分,当然决议案优先,不容擅自变更。不合理的部分,则应该按照下述三步骤,依循而行。

第一步,审视实际的变数,寻求合理的应变方案。自认为找到以后,不可以马上付诸实施。因为自己的权限,在依决议案而行,不能擅自变更。万一造成意料之外的恶果,就算自己愿意承担责任,也将对不起组织,对不起上司。

这时候必须将自己寻找所得的调整方案,拿出来和有关同人商量,取得大家的认同与支持,才能视为腹案,向上级主管请示。务求获得上司的同意,才可以据以实施。既能权宜应变,又不侵犯上司的裁决权。两边兼顾,应该是最合适的工作态度。

第二步,获得上司的许可,并不能从此放心地依调整方案而行。因为上司许可之后,仍然可能产生若干变数。必须按照边做边调整的方式,每当变数出现时,就依据第一步的精神,再次提出调整的腹案,同样和有关同人商量,向上级报告,随时做出合理的调整。

第三步,如果上级主管不允许变更,对调整方案不表示同意,承办人不可以因此而放弃自己的想法。因为如此一来,上级主管就会怀疑承办人员的能力和决心;形成习惯以后,对承办人员越来越不信任,也就越来越容易否定调整方案,增加承办人员权宜应变以求合理的困难度。所以每当上级主管不同意时,应该先答应遵照指示,肯定上级主管的正确性,然后再合理坚持自己的看法,一而再,再而三,坚持到自己有把握的程度为止。以表明自己并不是信口开河,随便说说而已,而是有几分把握,必然做几分的坚持。使上司对自己所提出的腹案,不敢等闲视之,而能给予相当的重视。

决而行,比较适用于环境稳定、短时间就能够完成的议案。有些事情大家不太关心,结果如何大家也不是很介意,这时候决而行,好像比较省事。何必小题大做,煞费苦心,是不是?有些事情大家密切关注,结果如何攸关许多人的利益得失,这时候决而行,比较省力。何必为这么多人扛责任?得益的人不感谢,受害的人必然强烈反对,把焦点放在自己身上,何苦来哉!

决而不行,比较适用于环境变动,或者长时间才能完成的议案。有些事情依决议案而行,连承办人自己都觉得好笑,当然应该权宜变通,加以调整。

有些事情不变通大家受害,变通之下人人受益,何乐而不为?有些事情与众人无关,少数当事人又乐于改变,为什么一定要依照决议案办理,弄得当事人抱怨,惹局外人笑话?

不要在决而行和决而不行之中,用二选一的方式来选择其中一条路。因为选定之后,必然失去弹性,很不容易因应事实的需要而有所应变。我们最好秉持中国人擅长的二合一思考方式,将决而行和决而不行合在一起想,合在一起看待,走出一条可以决而行也可以决而不行的途径,随时权宜应变,以求制宜。

同样二合一,也有本与末的区分。稳定环境中以决而行为本,决而不行为末,站在决而行的立场,来进行决而不行的思考。变动环境则应该以决而行为末,以决而不行为本,站在决而不行的立场,来评估决而行的可能性。

稳定时期,大家的心里比较期待决而行,这时候决而不行,若非提出坚定的理由,大家很难接受。变动期间,大家的心里必须充分准备,接受决而不行的措施,否则盲目指责决而不行,反而增加工作人员的畏惧,不敢放手调整应变,对决议案的执行,有害无利。

把决而不行和"上有政策,下有对策"对应着看,便可以看出其中相同的道理:只要为公而不徇私,就是合理的应变;若是为私而非为公,那就相当可怕,必须及时加以制止,以免后患无穷。公正合理,是人人喜爱的随机应变;徇私舞弊,是人人痛恨的投机取巧。最好辨别清楚,唯有公正合理的决而不行,才是可行之道。

有些人不明白决而不行的道理,把它列入中国人会议三大缺失:会而不议,议而不决,决而不行。我们正本清源,看清楚这三大特性之后,才猛然觉察其中深奥的用意。如果应用得当,可以使会议的效果出人意料地好。

第六章

圆通的领导风格

中国式领导,说起来就是一连串心与心的感应,是心的互动。

中国式管理的领导,就是从一视同仁开始,带出差别待遇,以塑造班底的历程。

按照情、理、法的架构来领导,不但合理,而且可以促成同人的自动,达到无为而治的最高领导境界!

请问：领导和管理，哪一样比较重要？

回答：认为领导比管理更重要的，通常比较重视人性面，采取人治大于法治的态度，很温馨，有人情味。

认为管理比领导要紧的，大概以制度为依归，采取法治的观点，强调依法办理，视人情为畏途。

把领导看成管理的一部分，未免太相信一般教科书的论述，还不能从管理实务充分体会真正的运作。

中国人希望通过好好做人来好好做事，十分重视领导，也就是注重人性的提升和发扬。凡事讲求合理地推、拖、拉，表现出圆通的风格，着实不简单。

首先，必须认清领导比管理更重要，把同人当作人看待，不要存心想要管他。然后，从"一视同仁"逐渐带出"差别待遇"，公正却难以公平，使大家在合理的不公平气氛中，知所奋进，说起来也是另一种形式的激励。

最要紧的在于凝聚员工的共识。依据实际状况，选用圣主型、贤相型或者互动型的方式，顺应中国人的心理需求，把大家的想法自动地凝聚起来。

用心防止小人当道，慎防把好人看成坏人，却将坏人看作好人。

按照情、理、法的架构来领导，不但合理，而且可以促成同人的自动，达到无为而治的最高领导境界！

领导比管理更重要

可以将领导看作管理的一部分,把它当作管理过程中的一种功能、一种活动。具有这种观点的人,大多认为管理重于领导,也就是制度面比人性面更重要。

也可以将领导和管理相提并论,把它和管理来做比较,甚至认为领导比管理更为重要。持有这种观点的人,大多把制度面的管理当作人性面的领导的基础,也就是以制度管理为依据,来实施人性化的领导。

中国式管理既然以人为主,主张因道结合,而且依理应变,当然领导重于管理。巩固领导中心,一向是十分重要的事情。而领导者的风范与魅力,对领导的良窳尤其具有决定性影响。历史上最有名的楚汉之争,之所以刘邦能够获胜,项羽必然失败,充分证明领导的力量非常重大。

领导要紧,并不表示管理不被重视。我们常说"管理不能不制度化,但是制度化的管理,是不是好的管理很难说"。意思就是说,完全依赖制度化的管理,充其量只能管好制度内的事宜,对于制度外的事情,很难顾及。领导要以制度为基础,却抱持"有制度和没有制度一样"的心态,既管到制度内的事项,也管好制度外的事宜。天下事有例行就有例外,不能不兼顾并重,以免顾此失彼。制度是让基层员工遵守的,职位越高,弹性就越大,领导者常常大到可以擅自变更制度,造成"情况特殊,下不为例"的特例,才显得有魅力,也够气魄。

这样重视领导,岂不是人治思想在作祟?如果所遇非人,那该怎么办?这一类的疑问,只要把人治和法治合起来想,就化解掉了。中国式管理不是人治,而是人治大于法治,在法治的基础上实施人治。至于说所遇非人的疑虑,在现代社会,反而不像往昔那样难以克服。

第一，世袭的人治，风险很大。万一继承人智商、德行有问题，实在是组织的大不幸。现在主张传贤不传子，当然自己的子系确属贤能之士，传给他也不至于误事。往昔那种对于人治的恐惧，应该可以消除大半了。

第二，权力使人腐化，人治赋予的权力太大，很容易站稳之后，变得专横、独裁而又因私害公。现代人自我膨胀，不像往昔那样容易忍受不合理的领导。民意高涨，大大发挥十目所视、十手所指的束缚力量。对于位高权重的领导者，自然构成相当有力的警戒。

第三，人治的重点在人，一旦交替，常常产生不确定的风险性。接棒不顺利，可能导致整个组织的不安定。现代知识普及，资讯流通，大家对接班人的理解，比往昔来得清楚，对于交棒时可能产生的变数，也更加容易预测及事先防患，降低了相当程度的风险。

中国人重视事在人为，认为所有的事都是人做出来的。而且深切体认制度的缺点，在于容易僵化而不合时宜。特别是变动快速的环境中，人治重于法治，往往比法治重于人治更具权宜应变的弹性，不可以由于对人治的畏惧，而偏重法治，丧失了事在人为的优势。

中国式管理，同样看重制度。不过我们更进一步，知道领导有方，制度的功能才能发挥，而制度的缺失也自然减少。领导不得要领，制度的优点发挥不出来，反而互相掣肘，增添许多制度的不良效果。

依中国人的观点，领导是发挥安人潜力的历程。我们很早就明白事情是大家合力做出来的道理，知道唯有群策群力，才能把事情做大、做好。要求有效地群策群力，必须有组织，形成集团，而且要产生领导者来领导这个集团。从历史上看，每当我们有强人领导的时候，大家都衷心盼望，不要太强才好；而当我们失去强人时，大家却又热切期待早日出现新的强人。这种矛盾心理，反映着中国人一方面不欢迎英雄式的强人，一方面又十分欢迎集团性的强有力领导者。

什么叫作集团性的强人呢？就是"能够发挥集团力量的领导者"，而不是"自己最了不起"的独裁者。

安人的集团领导，必须具备下述三大特性。

第一，坚守"深藏不露"的原则。 领导者当然具有高明的智慧与判断的能力，但是必须保持"不会显露得让部属没有面子"的素养，唯有在"不伤害部属自尊"的前提下，才能"表现自己的能力"。这并不是单纯地"什么都不显露"，一副"毫无能力"的样子，部属反而不服气，倒过来欺上瞒下。深藏不露应该是"把露和不露合在一起想"，该露才露，不该露就不露，才能显露得恰到好处，使部属安心地放手表现，却又不敢不充分尊重主管的最后裁决权而衷心拥戴。

适当的显露，使部属信服；适当的不露，使部属爱戴。所谓恩威并济，实在是深藏不露的具体效果。

第二，以"得人心，做好人"为最高目标。老板做好人，中层管理者扮演坏人的角色，原本就是中国式管理的良好配合。好人才能得人心，而得人心者昌，并能获得大家的拥护。得人心从做好人开始，老板自己扮演好人的角色，不得罪人，不伤害人的感情，不使人没有面子，当然比较容易得人心。然而老板做好人，必须中层管理者愿意充当坏人来密切配合，否则中层管理者和老板争着当好人，结果老板就逃不出做坏人的厄运。因此，好人有两大使命：一是中层管理者自愿配合，不出卖老板；二是老板保护中层管理者，使其不致由于扮演坏人的角色而受损害。两者同时兼顾并重，老板的好人角色,才有办法长期顺利地扮演下去,发挥安人的良好效果。

第三,包容组织内不同派系的消长并合理安抚。组织是人的结合,而有人就可能产生派系。领导者不但不需要铲除这些派系,以免徒劳无功,反而要以大肚能容的态度,加以合理的安抚。只要大家服从领导中心,领导者就不必随意批评或指责任何派系,以免丧失公正的立场。用心了解各种派系的势力消长,却不明确地表示出来,口中无派系,心中有派系,以大家长的心情来安抚各方,一切秉持公正合理,就不必担心了。有时候善意运用派系力量,也是一种领导艺术。

得人心,产生向心,增强信心,坚定决心。中国式领导,说起来就是一连串心与心的感应,是心的互动。

通过核心班子好办事

主管对待部属,究竟应该"一视同仁",还是采取"差别待遇"的态度?答案如果是"二选一",从其中选择一种,那就偏离了中庸之道,不合乎中国式管理的要求。因为新任主管,在不了解部属的情况之下,当然应该一视同仁;若是领导一段时间之后,仍然停留在一视同仁的层面,岂不表示主管"好人坏人都不会分",而且简直是非不明,连最起码的判断力都没有,还当什么主管!反过来说,新任主管立即采取差别待遇,大家就会怀疑是依据哪些标准,也许原本就是成见、偏见在作祟,当然不服气。这样说来,运用中国人擅长的"二合一"思考方式,把一视同仁和差别待遇结合起来,应该比较妥当。

中国式管理的领导,就是从一视同仁开始,带出差别待遇,以塑造班底的历程。在一视同仁和差别待遇之间,画上一个箭头,不就真的二合一了吗(见图6-1)?

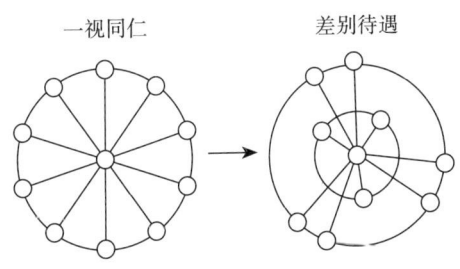

图6-1 二合一的领导方式

新任主管,不论所领导的成员有没有原本熟识的、是不是自己的亲信故旧,务须首先采取一视同仁的态度,和每一位成员都保持同等的距离。这样做,至少可以收到下述三种好处:

第一,使组织成员感受到主管的公正性。 对待大家的态度,既没有成见,也没有偏见,大家当然乐得放心地表现。若是刚上班便对某些人特别照顾,其他成员看在眼里,不舒服的感觉油然而生,也就有所保留,不愿意竭尽所能,以致士气衰落,生产力降低。

第二,使具有亲戚、朋友、老同事、同学、同乡以及同好关系的同人提高警觉。让他们认清"亲戚归亲戚,故旧归故旧,处理公务时,必须秉公办理,不徇私情"的道理,自己约束自己,千万不要凭着亲戚、故旧的关系或交情来干扰公务的进行。新官上任,先来个下马威,让所有的人都看清楚这位新官讲求公正、不讲私情的一面,避免套交情、讲关系的负面作用。

第三,任何事情,如果从归路出发,比较容易摆脱旧有的包袱。新任主管,先采取一视同仁的态度,事实上就是一种归零的措施,表示主管更替,一切从头开始。以往的种种,暂时告一段落。大家不必将原有的关系一成不变地向后延续，却能够把握良机，做出合理的调整，使组织注入新精神，焕发出崭新的生命力。

某些新任主管，一开始就掉入差别待遇的陷阱，对单位内的亲朋故友采取比较信任的态度，不但给其他成员以"搞小圈圈"的恶劣感觉，而且使这些亲朋故旧得以有恃无恐地玩弄特权。结果形成"私的班底"，造成营私舞弊的不良形象，甚至让新任主管卷入不法的事件，以致上任不久，便被这些亲朋故旧抓住把柄而动弹不得。班底有时候会牵连主管，造成很大的伤害，其实是"私"字作祟。私的班底，千万不可为。

新任主管，若是一年半载下来，仍然坚守一视同仁的心态，组织成员就会觉得这位主管完全是公办的，却不具备办事的精神。因为办事的人，一定会依据办事的用心程度与效果评量，来区分同人的贡献度，并且给予不同的礼遇。物质报酬也许受到制度的限制，不便弹性分配；精神上的礼遇，当然依据各人不一样的表现，而有所差异。可见领导的差别待遇，不但有必要，而且可以产生某种方面的激励作用。分析起来，也有三大好处，兹分别说明如下，以供参考。

第一，同人的绩效考核，固然是调薪、升迁的依据，但是名额的限制、薪资的结构，在此都受到约束，缺乏弹性运用的机能。如果在领导上采取差别待遇的心态，对特别有贡献的同人，特别给予礼遇，在激励上必能收到相当的效果。这种精神方面的差异，弹性较大，应用起来，十分灵活方便，而且不受法令制度的限制。

第二，按照工作的表现给予不同的精神待遇，才是公正、合理的态度。促使同人自愿为共同目标而努力，自动发挥最大的潜力，以争取上司的最佳礼遇。否则任凭怎样努力，不论如何尽心，主管始终一视同仁，对大家无疑是一种难以忍受的打击，导致众人灰心丧气，只求把工作应付过去，毫无创造、改善的奋斗精神。

第三，从消极思考的方向来考察，组织成员被划分为大圈圈、小圈圈，似乎是一种私心、成见的不良表现。其实，从积极思考的角度来看，我们很容易发现，只要出发点是公正的，一切以公为衡量标准，建立公的班底，不但具有激励作用，而且对团队精神的提升十分有助益。大家因公（道）而结合，比较容易同心协力。

主管最好口头申明一视同仁，内心则坚守差别待遇。逐渐从实际贡献的表现，将同人区分为三层：最内层属于核心人物，主管以"没有你我会死"的心情来加以礼待，给予特殊的照顾；第二层为"有也好，没有也好"的一般成员，如果不能再努力，提高贡献度，只能给予一般的照顾和客气程度的对待；最外层则为"快走快好"的待提高部属，若是不知自省、自律，希望他们另谋出路，不要待在这里混日子。主管只要站在公的立场上,确实依据公共目标来考核,不夹杂私心,公正地区分同人。相信大家会认同这种作风,此为合理的不公平。

最内层的核心人物,通常叫作班底,是十分值得主管信赖、依靠的少数同人。日本人指称"企业由少数人维持",中国式领导似乎把这一句话发挥得恰到好处:让少数有心而且用心的人士,构成坚强的第一道防线。

有了班底之后,主管还必须进一步善用班底的力量。任何事情,主管都不要擅自决定。先把自己的看法隐藏起来,当作腹案。将自己的腹案变成问题,用来征询班底,让他们在互动中找出合理的答案,经主管核可后,再由班底去执行。主管越依赖班底,班底越奋发图强而增加可靠的程度,这才是良性的互动。

主管不可以不信任班底,却也不能不闻不问第二层和最外层同人的意见。一方面表示一视同仁;

另一方面也开启最内层的门,让更多的同人可以通过为公的贡献而成为班底的一分子。当然,这种动作同样具有防患作用,使班底提高警觉,不但不能营私舞弊,而且应该更加用心,否则第二层、最外层同人会向主管反映,影响主管对班底的信心,对整个部门都有害处。

凝聚员工的共识

从某种角度看来,中国人很难凝聚共识。因为中国人的心态,普遍重视"自主性",喜欢自作主张,甚至擅自做主。我们认为人的尊严,主要表现在"我自己可以做主"。这种"人本位"的观点,使我们坚持"人若不能自主,还多谈什么尊严!"老早脱离"神本位"而具有"天大、地大、人亦大"

的概念，使中国人一个个十分自我膨胀，总以为"非我莫属"而"当仁不让"。这种"不认输，不服气"的民族，要凝聚共识，真是谈何容易！中国人是一盘散沙，似乎因此而认定。

幸好，我国先哲有鉴于这种看起来不甚好其实并不坏的民族性，指出凝聚共识的唯一途径，那就是"凡事站在合的立场来分，不要站在分的立场来合"。

西洋人重"分"，奉行个人主义，他们要凝聚共识，采取"少数服从多数"的原则，通过听证会、公听会以及投票的方式立法之后，共同遵照实行。

中国人重"合"，个人主义之外，还强调集体主义。我们从《易经》"阴卦多阳，阳卦多阴"的道理，体会"大多数人都是愚昧的，只有少数贤明之士"，因此不能"少数服从多数"。

我们劝合不劝分，并不是否定"分"的存在，而是"能合即合，实在不能合再分"，分合之中有轻重、先后的区别。只有"合中有分"才能凝聚员工的共识,所以中国人主张"世界大同",却不寄望"世界一同"。因为,"大同"之下允许"小异",才能在"共同性"之外,尊重并容纳各自的"特殊性"。

凝聚共识,同样需要大同小异,以符合中国人"上有政策,下有对策"的习性,并显示众所欢迎的"包容性"。包容性越强,越容易凝聚共识。

首先,我们必须承认,由于中国领域太大,种族、语言、文化都十分复杂,以致中国人普遍缺乏"归属感"。以什么为中心来促使自己有所归属呢?从小就耳濡目染要"治国、平天下",怎么可以用归属感把自己束缚起来呢?自古以来,中国人一方面坚持"不事二主";另一方面却又面对随时可能"改朝换代"的危机,使我们不得不舍弃归属感而重视"依附感"。暂时找到可靠的人士,依附一下,随时衡量情势的移转,以"西瓜偎大边"的心态,适时改变自己所依附的对象,这不是"识时务者为俊杰"吗?

中国人的共识,通常以派系为主。然而中国人的特性,是"有派系,却没有固定的派系"。居上位者谁也不敢承认有派系,更不知道自己此时此地到底拥有多少群众。因为一夜之间,自己的派系可能解体,而所拥有的群众也各自解散,正好印证"水(群众)能载舟(派系首领),亦能覆舟"的道理。

员工的共识,来自依附感而不是归属感。**形成中国人凝聚共识的第一要件是:要让员工觉得靠得住,不能片面要求员工必须靠得住。**

组织学者常说:组织成员认定所属的组织是属于自己的,才会产生认同感。中国人好像不会这样傻,我们知道组织永远属于高阶层那些少数人,不可能属于自己。高阶层是坐轿的人,我们则永远是轿夫。高阶层人士心目中有我的存在,我就依附他、靠他、听从他,和他达成共识;高阶层人士心目中没有我,我便伺机远离他、不听从他,就不可能和他达成共识。

有人因此批评中国人太势利,过分现实。历来替君王寻借口、找理由的伪君子,大多持有这种论调。如果明白《易经》三才之道的天、人、地配合的原理,便知道员工具有这种"合则留,不合则去"的心态,根本谈不上"道不同,不相为谋"的层次。多数人不属于道义的结合,仅仅是"树大好遮阴""大树底下好乘凉"的过客,能待多久就算多久,按所依附的大树有多少福荫而决定。一般员工并不了解什么叫作"忧患意识",只希望能够安居乐业,不但是人之常情,而且可以对高阶层人士构成相当的制衡力量:"你如果好好照顾我,我就听你的,我们自然有共识;否则,凭什么我一定要听从你呢?"这十分符合中国人所信奉的"交互主义"。

中国人每听到一句话,大多会关心地询问:"谁说的?"证明中国人"依据这一句话是谁说的,来判断它的正确与否"。老实说,在中国社会,如果不知道这句话是谁说的,又怎么能够判断它是对的还是错的呢?

这样我们才明白,高阶层人士每隔一阵子便要喊出一些近乎口号式的话语,目的在测试他究竟还拥有多少支持者。喊出来之后,看看反应如何,能不能凝聚共识,以便确认自己此时此地的声望,也就是凝聚共识的影响力,然后衡量情势,做出一些比较有把握的决定。

表面上看来,中国人喜欢争权夺利,实际上我们所真正关心的,是塑造对自己更加有利的形势。大势所趋,权和利都成为囊中物,高明的中国人,口口声声不为权不谋利,却善于"造势",因为形势比人强,可以决定一切。

中国人凝聚共识的第二要件是:要善于造势,使大家跑不掉,不是用法律、规定、契约来约束大

家不要乱跑。

"人在屋檐下,不得不低头",规定中国人鞠躬,还不如把屋檐压低,让他自然非鞠躬不可。

事实证明,当形势大好时,员工的共识凝聚得有如钢铁一般,精诚团结而又万众一心,令人赞叹中国人果真"输人不输阵",一盘散沙被水泥充分融合,照样显得坚牢无比。然而,形势衰弱时,员工的个人意识高涨,人人都有不同的意见,随时伺机另起炉灶。

大凡热心参与的人越多、说闲话的人越少,便是形势良好共识凝聚的指标。而袖手旁观或置身事外的人越多,各种意见毫无顾忌地表达出来,即形势不利、共识脆弱的警示。

怎样造势,才能凝聚员工的共识呢?"一视同仁"式的组织,领导和成员保持同等距离,看起来相当公平,却令人十分纳闷:"难道好人、坏人看不出来?""差别待遇"式的组织,固然被某些不得意的人讥讽为"大圈圈里有小圈圈,小圈圈里还有黄圈圈",然而,不同圈圈所造成的形势,正是能不能凝聚共识的关键。

员工对领导不可能有充分的认识,大家习惯于"眼睛向上看",看大、小圈的安顿公正不公正,看第一圈的人对领导恭敬不恭敬。

大小圈圈的安顿是否公正合理,是员工对领导的最大考验。若是大家认为公正,依附感就会增强,认为"只要好好表现,总有出头的一天",因而觉得"这个组织值得依靠,而不想离去"。这时候很容易凝聚共识,凡是上头说的话,一定是不可逾越的真理。

最靠近领导的圈圈,表面上必须对领导毕恭毕敬,让底下的人看不出什么矛盾,找不出什么缝隙,大家才会放心:原来他们的看法相当一致,只好死心塌地,依附着他们而凝聚共识。

许多人看出中国人善于奉承拍马,而且喜欢用听话的小人,其实不然。这不过是表面的现象,做给底下人看的,用来"安大家的心"。实际上,单独和领导相处的时候,必须言无不尽,领导才会放心。这种阴阳的运作,使中国人经常人前背后各有一套,一不小心,就会成为表里不一致的小人。

对中国人来说,组织必须发挥组织力,才是员工凝聚共识的具体表现。中国人生长在黄河流域,对"水"的体认最为深刻。水的力量,一波一波向外发扬,所以组织的力量,也要一层一层向外扩张。掌握次一层的人员,亦即凝聚次一圈人员的心力,对主管而言,十分必要。

中国人是应考专家,大家精于猜题,而且善于答题。领导怎样命题,如何给分,用不着明言,大家都乐于猜测。愿意应试的人,没有不对考试和评分标准达成共识的;只要公正,用考试的精神来凝聚共识,没有人会产生异议。

凝聚共识的第三要件是:在适当选用最亲信的

第一内圈,通过这些高层人士来建立共识,然后层层相扣,向外圈传布出去,很快就会凝聚共识。

建立共识的方式,可以视领导自己的条件和意愿,采取下述三种办法,加以灵活运用。

第一,圣主型。领导自己确有过人之处,说出来的话,第一内圈无不忠诚响应,而且十分顺利就能够一圈一圈像水波一般传布出去,自然可以采用"小圈密谈"的方式,以圣主的智慧来塑造共识。

第二,贤相型。领导自认并无过人之处,或者说出来的话,大家都有不同的意见,简直压不下去。这时候可以仿效当年"三请孔明"的故事,请出大家公认的贤人,委托他来建立共识,作为辅助的贤相。

第三,互动型。当今民主时代,最好的方式应该是互动型,由领导和第一内圈的高层人士互动来建立共识。一方面集思广益,另一方面减少大家对领导独裁的疑虑。只要领导和第一内圈的意见融洽，所建立的共识很快就会向外传播，获得大家自动的依附。

希望中国人"被动"地凝聚共识，实在十分困难。能够让中国人"自动"地凝聚共识，才能坚牢可靠，任谁也无法破坏、离间或者销毁。

这被动与自动之间，正是中国员工能否凝聚共识的主要关键。历史证明，凡是强制地、高压地、利诱地建立共识，都不能持久，而且具有十分明显的阳奉阴违的现象，形成"嘴巴上说的一套，实际上做的又是一套"，只要稍有风吹草动，共识立即破坏、消亡，经不起任何考验。相反地，若是组织员工出自内心，以自动自发的心态来达成共识，那就众志成城，持久不衰。

怎样促使员工自动自发地凝聚共识呢？主要原则在于"领导只出题目，不给答案，让中层管理者去猜题，并且找出合适的答案"。而且中层管理者也要依样画葫芦，把自己找到的答案隐藏起来，鼓励员工去找答案。

秉持《易经》"由下而上"的精神,每一阶层都切实遵照"主管命题,部属做答"的法则。

让员工猜题和解答,不但有参与感,而且充分把中国人的应考精神融入塑造、凝聚共识的过程中,让每个人都具有成就感和满足感。

主管如果关心员工,就会看得起员工,让出足够的空间,使员工有所表现,尽量以"你的看法怎么样"来激发员工的参与感。员工会觉得备受重视,便会自动自发地用心猜题和解答。把自己的心和上级主管的心联结起来,自然很容易凝聚共识。

主管人员最需要的修养在于"不明言"。有答案马上宣示出来,大家觉得被动,于是想尽办法,要抗拒、改变、否定主管所提示的答案。

"有成必有毁",主管明确地宣示自己的看法,大多数被部属的反抗、扭曲和质疑所淹没,不得不采用高压或利诱的手段,造成大家拍马、逢迎的后遗症。

高明的主管具备"有答案，却懂得暂时不要说出来"的修养，只把问题抛出来，看大家如何回应。

上司"深藏不露"，部属"揣摩上意"，看起来好像"含含糊糊"，却绝对不是"糊里糊涂"。

通过这种"含含糊糊"的猜测、模拟过程，寻找出"清清楚楚"的结果，才是自动建立共识的精神。许多人看不懂，一直批评中国人不清不楚，浪费时间。殊不知如此这般，才合乎人性的需求，算得上人性化管理。

天性喜欢"自动""自主"，设法通过"自动"的过程满足"自主"的尊严所凝聚的共识，自然坚牢可靠，而且持久不坏。

上级"不明言"，底下人自动猜测，是一种历久常新的游戏规则，也是凝聚共识最有效的途径。

上司一切说清楚，部属完全顺从，即为"奴才"；稍有意见，便成为"叛逆"。这该如何是好？让部属不至于甘心为奴,也不致冒险叛逆,自然容易心安理得地凝聚共识。

如果认为"时代变了,员工不愿意猜测主管的心意,就算费尽心思出题,大家也不愿意找答案",那么,戒急用忍,先亮出"没有底线"的底牌,让大家畅所欲言,等待答案合乎自己的意思后,才依据大家的意思达成共识,不也是一种民主型的凝聚共识吗?

防止小人当道

自古以来,身为主管的人,无不以"亲君子,远小人"为座右铭。时刻以此为诫,以求"明哲保身"。无奈小人的拍马屁伎俩委实高超,往往弄得上司防不胜防,受到重重包围还浑然不知。

所谓"上台容易下台难",固然可以解释为:"上台靠机会,只要获得上级关爱的眼神,便可以一步登天,顿时忘记自己到底有多大的能耐;而下台靠艺术,却由于整天交际应酬,迎来送往,没有时间也缺乏兴趣继续充实学识,以致让熙熙攘攘的官场气焰冲昏了头,搞不清楚何时、何地、如何下台。不但不能美妙地步下台阶,反而怒气填胸、怨气满腹,甚至大喊冤枉,深感悔恨。"也可以解读成:"上台时脑筋还相当清醒,态度仍然十分严谨,尚未为马屁精所包围,所以一下子就登上台去,显得相当轻松、容易;但是下台时已经习惯于马屁精的细心照料,匆促间发现马屁精忽然有如猢狲般散去,留下自己一个人,连下台的台阶都摸不着,岂非十分困难。"

遍查所有正史、野史、传记、自述,从来找不出一个"自动立志亲近小人,喜欢重用马屁精"的人物。历史的记载,也证明所有上司都深明洁身自爱的大道理。然而不幸的结果是，大部分人为马屁精所迷惑，造成不知不觉"残害忠良，伤害君子，而自己也为小人所害"的惨局。中国历史之所以治少乱多，主要原因在此。

小人毕竟不是"有为者当如是"的显明目标，所以我们同样找不到"从小立志成为小人"的"典范"。

没有愿意亲近小人的上司，也没有立志成为小人的部属，为什么有史以来不断形成"小人当道"的局面？其关键因素，即在一般人所深恶痛绝的"马屁文化"。其中"说好听话"和"奉承拍马"的分野，很不容易区别，以致自己受害、社会不安，而国家也难以求治。

试举一例：凡是能够腾出部分时间为上司分忧分劳的部属，必然获得更多的升迁机会。

请问：为上司分忧分劳，算不算拍马屁？

自己本分的工作，弄得乱七八糟，却经常跑到上司那里左右问"有什么事情要我帮忙的",当然是拍马屁。

分内的工作做得很好,还有多余的时间和精力为上司分忧分劳,谁敢说他拍马屁!相信大部分同人都会认为这位仁兄确实不简单,有机会升迁,非他莫属。

问题就出在这种判断标准上,现代人越来越搞不清楚。当上司的,看见部属热心分忧分劳,不管他本身工作有没有办妥,便认定他是好部属;做部属的,不管自己分内工作有没有做好,就厚着脸皮要为上司分忧分劳。结果造成上司让"小人有机可乘",而部属则"不知不觉成为小人"。原本不想接近小人的,为小人所包围;而一向不想当小人的,竟也成了小人。

更加可怕的是,看见经常和上司长相左右,不管上班、下班都为上司跑腿的人,一个个都晋升了。这时候不检讨自己,不深一层寻找真正的原因,却轻易地认定"凡善于拍马屁的,必然快速获得升迁",将一切责任归罪于"马屁文化",虚构出一个"马屁酱缸"。这种自欺欺人的做法,才是中国人一方面深恶痛绝,一方面却也难以自拔的原因。

再看一例:在上司面前说一些恭维话,上司乐于接受,彼此更加亲近,遇有机会就会优先加以提拔。

请问:恭维上司,算不算拍马屁?

电影最喜欢描述古往今来那些犯颜直谏的忠臣所遭遇的悲惨、凄凉的境况。然而,电影导演十个有八个喜欢听恭维话,对批评的意见拂袖而去。

据说阎罗王非常厌恶拍马屁,某次审判马屁精鬼时,拍案大怒:"你生前为何专门拍马屁?快从实招来。"马屁精鬼连忙回答:"因为世上的人都喜欢如此,我才不得不拍马屁;如果像大王如此公正廉明,而且明察秋毫,有谁还敢拍马屁、说好听的恭维话?"阎罗王怒气顿消,笑着说:"是啊!这也难怪你老爱拍马屁!"原来非常厌恶拍马屁的阎罗王,也难逃马屁关。

同样一句话,当然应该说得好听一些。恭维话如果是为了公益的顺利达成,不算拍马屁。若是为了私利,或者居于建立更为亲密的关系,以便为非作歹,那不是拍马屁,又是什么!

说好听的话,上司才听得进去。部属尝到甜头之后,用说好听话来隐瞒事实,求取私利,或为非作歹,便成为存心不良的马屁精。

上司听惯了好听的话以后,对比较难听的话听不进去,甚至产生厌恶感,更加提供了马屁精用说恭维话获得各种利益的渠道。于是本来不想当马屁精的人,不知不觉也成了马屁精。

再说,公余时常陪伴上司从事正当休闲活动的人,晋升的机会也特别多。

上司爱下象棋,陪他,有输也有赢,让他斗志高昂。上司喜欢爬山,马上把爬山的装备收集起来,和他所用的差不多,当然牌子、质量要差一些,和他一起爬,体力也维持同样的水准,让上司觉得还年轻。至于打高尔夫,更应该平日多练习,不要走漏风声,然后在适当机会,稍微表现一下,让上司依据"会打高尔夫的年轻人,不会做坏事"的准则,对自己刮目相看。

往昔靠饮酒、跳舞、打麻将来接近上司,自从公务人员革新生活习惯以来,大家转变方向,以正当休闲活动来包围上司,照样可以造成拍马屁的机会,达到拍马屁的目的。而这些后果,也都是不知不觉产生出来的。

当主管并不是简单的事,好不容易获得这种难得的机会,当然要好好表现一下。每一位主管在接任的时候,无不下定决心把工作做好。而且对喜欢拍马屁的人,存有高度警戒。因为真正有能力的人,用不着如此卑躬屈膝。忠言本来逆耳,为什么老是说这些恭维话?各人有各人的工作,大家把分内工作做好，就已经很不容易。各人有各人的兴趣，活动的时候，不应该勉强任何人，以免造成不便或痛苦。

可见，能够担当主管的人，都已十分清楚这些基本的道理，并且深具信心，不致开自己的玩笑，为小人所蒙骗。可惜不多久之后，便陷入马屁精的迷魂阵中，依然不能自觉。

请听许多中层管理者的心声："我们老板样样好，只不过常常把好人看成坏人，却将坏人看成好人。"

无心重用马屁精，实际上已经被马屁精重重包围，甚至非常讨厌马屁精，所以自信不会上马屁精的当，结果部属冷眼旁观，发现老板居然自己骗自己。

古代马屁精猖狂，想尽办法要接近皇帝。没有人敢告诉皇帝应该怎样防止马屁精，只好设计出以下三样东西，让皇帝自己去体会预防之道。

第一样，帽子。让皇帝戴一顶高高重重的帽子，提醒他责任比别人重，不可以掉以轻心，否则帽子可能会掉下来。

第二样，珠串。眼睛前面垂下一排珠串，提醒皇帝只有两只眼睛，已经被珠串遮掩得看不清楚。一方面自己不可能完全看清事实，另一方面更应该防止被人家进一步蒙蔽。

第三样，护耳。双耳各有一面护耳，提醒皇帝总共只有两只耳朵，无法听尽所有的事实；何况已经有所遮蔽，不可容许其他的掩盖。

设计的人，深知马屁精的一贯策略，即在"首先蒙蔽上司的眼睛，让他依靠自己的眼睛，用自己的眼睛来取代上司的眼睛"，然后"掩盖上司的耳朵，以自己的耳朵来代替上司的耳朵"，再伺机"砍断上司的左右手，用耳语、谣言、恶意中伤把上司所信任、依赖的亲信人员拉下马来"，最后"让上司把重要的责任交下来，使自己得以称心如意地分忧分劳"。

鉴于以上的道理,我们建议上司防止马屁精当道,不妨采取下述三大策略。

第一,不要强调自己的大公无私,反而应该以"是不是真的大公无私"来考验自己的部属。自信大公无私,而且以此为标榜的上司,事实上最容易为马屁精所控制。只要尽量在上司面前做一些有利于公的事情,说一些冠冕堂皇的辞令,便可以获得上司的信任,这种事对马屁精来说,根本轻而易举,丝毫不费力气。

不必说什么大公无私,也不让人家看出自己究竟是怎么一回事,却能够因人、因时给部属一些考验:

故意叫他去做违法的事,看他如何因应;

提出一些危险的讯息,看他的反应如何;

虚拟某些好处,试探着要他去夺取,看他动不动心。

部属未经考验,看起来都大公无私,一旦考验,便发现有些人是经不起的人,一下子就原形毕露。凡是经得起考验的,才能相信他真的不是马屁精。

第二,经得起考验的部属,由于外力的引诱,难免产生变化。原本好好的人,一下子可能变坏了。必须时时注意其"差异性",遇有风吹草动,马上提高警觉。

不信任部属,部属不敢动歪念头,就算乱动也产生不了什么作用。信任部属,他自己不敢动歪主意,别人也会一再动他的脑筋,利用他的关系,来实施一些坏点子,所以不得不预先防范。

上司必须密切注意部属的"差异性"。一向如此的,为什么最近有不同的样子?向来这样的,怎么这两次走了样?若能不放过任何风吹草动的变数,部属即使有意或无意变成马屁精,也将毫无机会。

第三，上司必须时时保持谦虚的态度，存着"多听一些不同的意见，至少多一些参考"的心态，在"不受中伤，也不护短"的空间中，维护部属的安全。部属是不是变成马屁精？上司往往不是第一个洞悉的。有时候"当所有的人都已经知道，只剩下上司一个人，还被蒙在鼓里"，那才是令人遗憾的事。

对于外人的评论，不可不信也不可尽信。只要时刻提高警觉，便是"保护部属不致变成马屁精"的最佳方略。

主管把"部属是不是马屁精"的注意力，转变为"全方位防止部属成为马屁精"，才能"既保护自己不为马屁精所包围，也保护部属不致成为马屁精"，两全其美，大家都喜欢，彼此都安全。

用情、理、法来领导最为合理

由情入理的领导,必须配合情理走不通时的依法处理,才算周延。合起来说,其实就是情、理、法的领导。

一般人的习惯,喜欢把情、理、法分开来看,并且比来比去,检视究竟哪一项比较重要,因此造成很多误解,产生很多不必要的错误。

情理法是一个具有结构性的完整系统,不容许分割,也不应该分开来看。

首先,法居情理法的末端,末即下,成为情理法的基础。离开法就没有什么情理法可言,没有法的基础就不可能由情入理。做人必须规规矩矩,做事应该实实在在,这些都在提醒我们:法十分重要,不能轻忽。

依情理法系统,管理必须制度化,也就是这个道理。有了制度，才能有所依据地衡情论理。

其次，情居情理法的开端，表示领导从情入手，充分顾及对方的面子。在情面上获得沟通，彼此情感交流良好，自然易于达成合理的共识。

法是用来执行的，不是用来挂在嘴巴上说的，因为谈法伤感情，一旦感情受伤害，谈起道理来更加困难。面子很重要，有了面子，大家比较容易说道理，所以把情放在前头，作为领导者与被领导者的桥梁，更有助于彼此的沟通协调，增进和谐的愉快气氛。

再说，理居情理法之中，依《易经》揭示"居中为吉"的法则，应该是情理法系统的关键所在。我们可以说：情是用来讲理的，才称为由情入理。而法也是用来讲理的，才合乎合理合法的精神。

中国人很少单独说合情，大多把理拉在一起，称为合情合理。可见有面子就更应该讲理，否则成为大家厌恶的死要面子不要脸，一定不受众人的欢迎。

我们也很少单独说合法,大多把理拉在一起,成为合理合法。因为我们只接受合理的法,不接受不合理的法,虽然对法的要求标准高一些,却也相当合理。

对被领导者来说,最好做到下述三点。

第一,上司给我们面子,主要是促使我们自动讲理。只要上司对我们客气,给我们面子,我们就应该赶快自己反省,自己约束,做出合理的反应,以符合上司的期望。反应合理的人,势必获得上司的赏识,放心地持续由情入理,彼此都十分愉快,而工作也进展得相当顺利。这样大家都有面子,才是情理法以情为先的主旨。

第二,上司不给我们面子,最好不要立即反应,让上司难堪。这时候最好冷静,看看上司的处境,是不是有什么难言之处,或者是另外有什么用意。往往部属冷静,不在情绪上做出不良的反应,也是给上司面子的一种表现，上司也会自动讲理，做出合理的调整。就算刚开始有一些失控，很快也会平静下来，彼此都有好处。

第三，上司不给我们面子，我们冷静镇定，不在情绪上做出不良反应，上司依然故我，仍然不给我们面子。这时候更应该反省，为什么弄得他如此蛮不讲理？这种十分强烈的动作，往往不是针对眼前这一件事情而发，却大多由于多次的累积才爆发出来。部属更应该冷静，想办法化解上司的心结，不能赌气、闹情绪，用"反正已经这样，何必有所顾虑"当借口。因为凡事都是自己惹出来的，自己必须负起责任才是。

对领导者来说，最好做到下述三点。

第一，不可以轻视部属，认为有权管他，不必客气。以免引起部属的不满，反过来增加领导的困难。上司一定要尊重部属，也就是看得起部属，才能引起部属良好的反应。既然看得起他，就应该顾及部属的面子。凡事依照"给他面子，促使他自动讲理"的法则，由情入理，使部属愉快地自动自发，彼此都很愉快。

第二，把部属的情绪稳定下来，应该列为行事的首要。部属情绪稳定，通常比较理智地面对事务；若是情绪波动，往往以情绪化来反应，不甚合理。主管的最大能耐，应该是以自己的稳定情绪来稳定部属的情绪，而不是部属原本情绪稳定，却搞得他们很不安宁。凡事先缓后急，总比欲速则不达来得好。千万不可以急躁，弄得大家的情绪十分不稳定。

第三，上司给部属面子的时候，部属并不一定就能自动讲理。因为人毕竟不完全理性，有时候相当糊涂，并不十分清醒。上司必须一再提示，所以应该发挥耐性，使部属清醒过来，不可以脸翻得太快，使人产生不敢信赖的感觉，反而不好。法永远是最后的手段，道德法律毕竟是情非得已才动用的，不宜时常显现。

上司、部属双方面对情理法都有相当的了解，也都有意按照"先由情入理，不得已才翻脸无情，依法处理"的程序，并且注意以上所述的要点，相信彼此配合、良好互动的结果，很快就能形成有效的领导与被领导的局面。

处理事情的时候，最好先查明法的依据。这种法治精神，最好不要直接表现在"依法行事"上面，令人觉得缺乏人情味，终至人人自保，不敢自动自发。最可怕的，则是逐渐养成"只要合法，什么事情都可以做"的不正当态度。因为"合法"并不一定"凭良心"，而凭良心要比合法重要得多。

查明法的依据，最好把它放在肚子里，当作腹案。处理事情的时候，不要把法的规定直接说出来。否则大家依法办理，久而久之，不喜欢动脑筋，只认真查法律条文，办事的品质必然低落，而组织的风气也将逐渐败坏。到那时才后悔，恐怕已经太迟了。

上司把事情变成问题和部属商量，部属自动提供答案，才显得有面子。上司样样发号施令，部属依照指示办事，完全是被动心态，当然没有面子。

和部属商量，是给部属面子。部属有了面子，应该自动掌握真实的现场状况，和相关的人员商议，获得具体的、可行的答案，还要带着腹案向上司请示。这种情况具有特殊的意义，那就是"你给我面子，我也应该给你面子"的交互行为。以给上司面子的心情来请示，和一般的想把上司考倒的请示，实际上有很大不同。

当然，情理法的领导系统，并不完全反对发号施令。只是用在紧急的时刻，不用在平常时期。因为只有不常常发号施令，一旦发起来，大家才知道它很紧急。

最高境界在于促使部属自动自发

由于情理法在中国人心中已经成为十分熟悉的东西,以至常用而不知,反而不明白它真正的妙用。

本书第一章已经说明,人都喜欢自动自发,只是不敢、不能或不愿自动。

明显地发号施令,对方有被动的感觉,当然不能自动。不做任何表示,静待对方自动,对方又不敢、不能或不愿自动,同样自动不起来。

在这种情况下,我们最好通过情理法的架构,小心运作,对方自然就会自动自发,实在十分奇妙。

中国人重视"情性",习惯于"依据心里好过不好过来判断"。因此,孔子倡导"情治",主张"用情来感化"。

情相当于面子,特别适合爱面子的中国人。

中国人普遍不喜欢被管。主管一开口说话,如果引起部属的反感,就会觉得管太多了,为什么连这个也要管?一旦具有这样的感觉,部属不但不肯接受主管的意见,甚至可能恼羞成怒,表现得相当不讲理。

为了避免引起部属的反感,我们讲求由情入理,以取代直接和部属讲理,把风险降到最低,以策安全。

情就是面子。给部属面子,当然不会引起反感。面子给足了,让部属情绪稳定下来,这时候再来讲理,比较不至于引起情绪性的反弹。方便得多,也有效得多。

譬如部属迟到,主管明明看见,也应该巧妙地装作没有看见。这种本领难不倒中国人,因为从小就被训练得十分机灵,随时可以适当地掩饰自己的真面目。

装作看不见,并不是打马虎眼,也不是不追究、不纠正。而是看见了怎么办?不理会不行,放任部属迟到，当然是主管的罪过，况且上级还可能怪罪下来，如何承担？理会也不行，迟到的部属情绪不平稳，马上加以指责，恐怕会恼羞成怒，反而收不到预期的效果。

再说，迟到的部属有时会说出十分正当的理由，令主管觉得不分青红皂白立即加以指责实在很不应该，这时候怎么办？继续指责下去，等于自己恼羞成怒；如果安慰对方，甚至坦白承认自己过分鲁莽，又何必！

装作看不见，其实是一种礼貌：给部属面子，让他主动过来说明，然后给予合理的处置。既然是一种尊重，就应该表现出相当的宽容性，允许迟到的部属先把紧要的事情办妥，再来说明迟到的原因。否则迟到已经不对，再因迟到而耽误紧要的事情，岂不是罪加一等？

部属主动向主管说明，主管有机会明白原委，加上这时候情绪比较平静，有助于合理的判断和处置。

若是部属隔了一段时间并没有向主管说明,主管就应该主动去找他,以免造成不良风气,也有亏职守。

过去找他也好,把部属找来也好,不必单刀直入,问他为什么迟到,又为什么不来说明。难道主管没有看见,就可以不了了之吗?因为这样一来,部属心中不服,认为主管太奸诈,既然看见,为什么要假装没有看见?当面抓就是,为什么要这样耍手段、玩花样?

人总是希望以别人的错误来模糊自己的缺失,这种模糊焦点、转移目标的方式,人人都会,也常常运用。

主管最好这样说:有人告诉我,你今天迟到了,有这回事吗?这不是更加奸诈、更加缺乏诚信吗?且慢,说别人说的,部属比较承受得了,情绪也因为比较有面子而维持稳定。

主管这样说，显然站在他这一边，当然比较有面子，总比直接责问来得好受。主管这样说，其实也是一种礼貌，一种对部属的尊重。部属最好明白主管的好意，不要自找麻烦，追问是谁说的，企图转移目标，把怨气发泄到那打小报告的奸人身上。

如果部属真的追问：谁说的？主管也应该轻松地表示，谁说的？我记不起来了。这也不是欺骗，本是一种礼貌，一种对部属的尊重。意思是点醒部属，不要再兜圈子，赶快自动说明为宜。

主管对于部属的过错，本来就不应该放过。不然的话，部属追随主管一段时间，好本事没有学到，却养成一大堆坏习惯，良心何在？但是纠正部属的过错，也不应该让部属难堪，下不了台。所以由情入理，才是兼顾的表现：一方面纠正，另一方面顾及部属的面子。

中国人的特性，是十分讲理。只要情绪平稳，有面子，大家基本上都相当讲理。但是情绪不稳定、没有面子的时候,那就很容易恼羞成怒,甚至蛮不讲理。

由情入理,就是先给他面子,稳定他的情绪,是让部属自己讲理的有效途径。聪明的部属,应该明白主管的用意,当主管极力给予面子的时候,赶快头脑清醒地自动讲理,彼此都愉快,而且事情也获得合理的解决。

主管有新的业务,要交给部属去办,也不应该不给部属面子,用命令方式,使得部属很不愉快。即使不当面推辞,也会敷衍应付而不尽心尽力。最好采取商量的方式,询问部属交由什么人办理比较妥当?部属如果觉得自己是合理的人选,大多会当仁不让,自告奋勇,由于有面子而不觉得委屈或不平,更加乐意把它办好。若是部属推给别人,主管必须平心静气,听听他的理由,不可以忽然变脸,说什么我对你客气,你还想推托之类的话,以免显得完全没有诚意。只要部属推得合理,主管就应该欣然接受，才叫作商量，而不是片面指定。

通常主管越尊重部属，给他越多面子，部属居于互相互相、彼此彼此的交互原则，也会反过来更加尊重主管，显得心目中的主管很有分量。双方皆大欢喜，合乎人性化管理的要求。

由情入理，先给面子再讲理。这种方式，最好由主管先开始，蔚为风气，大家才放心跟着流行。

为什么要由主管做起呢？理由十分明显。若是部属先行表示，处处给主管面子，难免引起拍马屁的猜疑。中国人大多数不愿意当马屁精，怕被人家贴上马屁精的标签。因此，很不喜欢先对主管表示有情，才显得有骨气，有自尊。虽然历史上已经有太多的案例证明这些硬骨头迟早被粉碎，但是前仆后继，似乎刚硬、正直人士并未因为这些教训而改变初衷。所以，孟子才提出"居上先施"的法则，希望主管率先向部属表现有情，充分给予面子，以挽救这些真正有骨气的君子贤士。

主管给部属面子,没有人会说是拍马屁。部属紧跟着给主管面子,大家会认为礼尚往来,并不是拍马屁。于是部属才会放心地给主管面子。主管的影响力,在这方面占有很大的比重,也不必吝于表现。

我们常说先礼后兵、柔能克刚以及敬酒不吃吃罚酒等,基本上都是由情入理的延伸,比较容易获得对方的同情,因而自动讲理,更加省时省力又省事。

有些主管喜欢耍威风、摆架子,常常因此而气坏了自己的身体,更可怕的,则是因此招来一批小人,把自己重重包围住。小人看准主管的这种作风,不但充分迎合,而且非常忍耐。不用多久的时间,小人把这样的主管团团围住,主管却经常浑然不自觉。我们推崇由情入理的领导,实在是为了远小人,免得主管自己受害。

我们采取由情入理的领导方式,并不表示不重视法律制度，或者拿情和理来干扰，甚至破坏制度。我们只是认为：

人生最要紧的，是当下；当下最重要的，是生活；而生活最可靠的，是人情。

一口气上不来，什么都没有了。对人来说，当下这一口气，当然最要紧。现在的事情若是不能解决，过去的尊荣和未来的希望，几乎都等于零。我们常觉得中国人很现实，如果从这个角度来考察，应该可以更加理解。

人活着，主要就是过生活。生活过不好，其他的事情有什么用？我们现在为了事业、赚钱、名誉等，弄得不能好好生活，实在是本末倒置的做法，很不值得。

生活好不好？标准在哪里？如果以物质来衡量，那就永无止境，越追求越痛苦。这些年来，我们的物质生活不断提升，但是大家都抱怨生活过得并不好。可见生活得好不好，精神方面的比重不能忽视。于是人情成为生活中十分重要的因素。人而无情,何以为人?不幸的是,长久以来我们由于贫穷、艰辛、痛苦,竟然扭曲了人情,反过来鄙视人情,也害怕人情。

"情"字心旁,带一个青字。我们从"请"表示言之美者、"倩"表示人之美者、"晴"代表日之美者、"睛"代表眼之美者,可以推知"情"就是心之美者,也就是有良心的意思。

有良心的人,充满了人情,生活总是好的。物质生活再穷困,遭遇的情况再艰辛,只要有良心,其实不难心安理得,生活得十分愉快。所谓苦中作乐,并不难。

任何人为了生活,不能不谋事就职。一天之中,在职场所占的时间往往超过三分之一。扣除睡眠、休息和处理家务杂事,我们可以说一生之中,大部分时间在职场中度过。若是职场中无情,缺乏人情味,就算功成名就,赚了很多钱,从做人的角度来衡量，终究得不偿失。为了工作，失去了那么多，合算吗？当然不合算。

你心中有我，我心中有你，便属人间至情。上司与部属之间，若是心目中有彼此的存在，并且占有合理的分量，那就是有情职场，大家精神愉快，当然值得。

良心看不见，但是面子很容易感觉出来。中国人特别爱面子，也可以解释为重视良心的表现。不必因为人情不容易处理，常常由于拿捏得不准，引发不良后遗症而心生害怕，以致把自己打入无情的非人身份。

中国人有面子的时候，大多凭良心，所以表现得相当合理。这是我们实施由情入理领导的基础。

但是，人毕竟不是圣贤，难免有糊涂、不够清醒的时候，有面子却不知道自律，做出不合理的反应。这时候我们设身处地想想，很容易发现自己其实也常常如此。再进一步将心比心，更能够体会稍微给一点面子,如果收不到预期的效果,便翻脸无情。若非动机不纯正,用给面子做钓饵,来引人上钩,便是忍耐力不足,很容易动肝火,都不是好现象。

主管有新的业务,要交给部属办理。不管主管如何由情入理,部属总是百般推辞,坚决不接受。主管于是翻脸无情,依法规定部属必须如期处理。相信大家也会支持主管这种强硬的态度,而不致认为其专横不讲理。

情理行不通的人,有了面子依然不知道讲理。这种人近乎不要脸,成为大家看不起的对象。给要脸的人面子,不给不要脸的人面子,才不致使自己也成为大家看不起的对象。

由情入理,如果不能配合依法办理,很可能成为没有是非,或者不敢分是非的乡愿。主管必须具有道德勇气,在情理走不通的时候,翻脸无情而依法办理。

翻脸无情，难道不是无情吗？那又何以为人呢？可见翻脸无情，有其先决条件，不能翻脸像翻书本一样，太轻易、太草率、太鲁莽，都是不近人情，不妙。

我们常说仁至义尽，便是翻脸的先决条件。只要仁至义尽，没有人会觉得翻脸无情太过分。但是，尚未做到仁至义尽，便翻脸无情，那就太可怕了。大家对他敬而远之，有如鬼神一般，发挥不出领导的亲和力。

一点再点，点不醒还要好好开导部属，对主管而言，当然是仁至义尽。这时候部属仍然执迷不悟，难怪主管翻脸无情。旁观的人，不但不觉得主管无情，反而认为部属不值得同情。身为部属，最好明白由情入理的运作方式，力求合理因应，以免落入大家都不同情的惨境。那时候再表示悔悟，实在有一些太迟，误人害己！

先由情入理，再依法办理，称为先礼后兵，也是以柔克刚的做法。但是礼要有节,柔也要有刚来支撑,才能产生优良的效果。所以依法办理,也是有其必要的。

第七章

合理的激励方式

自我激励在所有激励当中,是最具效力、最有把握的一种方式。

忠诚可靠对个人而言,是一种"信用度",必须依靠自己的行为表现,一点一滴累积起来。

把忠诚可靠而又具有能力的人组合起来,还需要进一步用安和乐利来激励大家,由利而乐,更提升到和与安的层次。

管理既然是修己安人的历程,修己的目的又在职场活动中,依修、齐、治、平的一贯大道不断提升自我。那么安人的作为也应该激励同人与组织同步成长,同样持续提升每一成员的修养层次,才能长久维持己安人也安的良好状态。

中国式管理,从计划开始,经过执行,到结果的检讨与整体的考核,处处充满着激励,便是随时随地都在激励同人向上提升,永远不落伍。

把激励和计划、执行、考核合在一起,将激励和沟通、领导同时进行,不但合乎中国人合大于分的原则,而且省时省力,兼顾并重,更加符合管理的要领。

中国人有很多看起来十分奇特,深思起来非常有道理的行为、态度,大多含有激励的作用。必须先弄清楚它的真正用意,并且表现得合理,才能产生良好的效果。

合理的不公平,其实是具有激励作用的一种措施,使中国人不肯认输而力求上进。因为大小眼的待遇随处可见,不得不持续提升自我,以求获得更好的款待。

随时随地都应该激励

对中国人来说,竞争力的源头,即在"我愿意"。凡是自己愿意做的,大多不辞劳苦,不计较报酬,不畏艰难,更不可能不用心。在这种情况下,简直无事不可能。竞争力之高,恐怕很不容易找到对手。凡是自己不愿意做的,一副心不甘、情不愿的样子,推三阻四、斤斤计较、困难重重,理由一大堆,根本不可能用心。如此这般,哪里有什么竞争力?

全世界的人,都有情绪变化。但是比较起来,中国人的情绪起伏程度最大。如果不能时时注意,处处加以激励,很容易陷入低潮而什么都不做,影响修己安人的管理效果。

心理学家认为,人类每种行为都有其原因及过程。主管想要激励员工,必须了解部属的需求。这话并没有错,可惜没有进一步指出:西方人的需求比较固定,比较容易满足;中国人的需求,非但变动得很快,而且十分不容易满足。自古以来,我们便立下极为远大的目标,必须日新又新、精益求精,以求止于至善,当然不可能轻易地满足。何况满招损更是大家耳熟能详的道理。人人不敢自满,以至激励所获得的效果,往往是"不满意,但能够接受"。人人得寸进尺,给一千望五千,普升一级还企盼多多提拔。

刚刚获得激励时,中国人大多能够心存感激,口口声声承蒙领导关爱,而且培植的恩德永铭五内。不久之后,似乎时过境迁,记忆逐渐模糊,竟然由于看不到上司关爱的眼神而觉得自己已经被遗忘,因而辗转难眠。

中国人为什么会这样?说起来和我们的激励方式具有非常密切的关系。表面上看起来,中国人十分势利。人情的冷暖、世态的炎凉,令人触目惊心,以至人人不敢大意。反过来说,正由于中国人随时可能翻脸不认人,随时可能给人家脸色看,这才使得中国人怀疑心极重而警觉性极高。对于自律、自反、自主的人来说,未尝不是另一种形态的激励,我们称之为自我激励。

自我激励在所有激励当中,是最具效力、最有把握的一种方式。特别是现代一切讲求DIY(do it

yourself），更是合乎时代要求的最佳激励。毕竟寄望他人来激励自己，还不如自己激励自己来得简便而有效。

曾子所说的每日三省吾身，固然可以当作自律的习惯，已如前所述，实际上也是十分有效的自我激励。每天再忙碌，也要留给自己一个小时，至少20分钟，冷静地想一想：今天计议事情，有没有尽心尽力？对朋友、同人、家人，有没有不诚信的地方？所学习到的东西，有没有把它变成习惯，以便纯熟地应用？做得好的地方，给自己一些掌声，自我激励一番，振奋自己的斗志，增强自己的信心；做得不够理想的地方，就应该不后悔也不找理由搪塞，认真检讨自己为什么会这样的原因，做根本性的改善。

个人如此，组织也应该这样。单位主管最好利用下班之后的一小段时间，和同人喝喝茶、聊聊天，反省一下今天的所作所为，有哪些值得喝彩的，以茶代酒，感谢大家的帮忙，必然有助于提升士气，促进更密切的团结一致。遇到不如意事，也趁机检讨改进，互相劝勉，彼此鼓励，然后互道再见，明天更有一番新的气象。

下班时不急着离开，利用短暂的时间，自我激励，总比匆促离去，准备明天让上级责骂来得好。

自我激励之外，也需要他人的激励。中国人的设计，可以说最为方便有效。那就是上司的脸色变化，不必花费任何金钱或物质，便能够达成激励的目的。

脸色不好看，部属就会自动调整。天底下还有比这种激励更方便的吗？有人批评这种作风太过官僚，已经不合时宜，为什么不想一想：有些人脸色再不好看，也不会产生任何作用？可见用脸色的变化来暗示，促使部属自反自省，并且及时做出合理的改变，恐怕也不是任何人都做得到的。这种不明言的激励，随时随地都可以使用，而且不会惊动不相关的人，岂不简便、安全而又有效？部属能够做到让上司不方便明言、不必惊动别人而更加使自己难堪，其实也值得自我激励一番。

用暗示代替明白表示出来，实际上表示一种尊重、一种包容，对双方都有好处，一切尽在不言中。若非具有某种程度的默契，实在不容易做到。

情绪的起伏，随时有变化。为求持续性地保持"我愿意"的高度竞争力，有赖于随时随地做好激励的措施。求人不如求己，所以自我激励最有效。但是缺乏自我激励的人很多，因此用脸色来暗示，采取没有声音的激励，更能够顾全大家的面子，就成为常用的方式。

脸色的暗示，一定不能明言，否则就会失去效用。主管脸色不好看，部属若是明确请示："是不是对现况不满意？"主管还要加以否认。嘴巴推说"牙齿痛"或者"身体不舒服"，而脸色则继续保持不好看的样子。部属仍然不明白，主管可以通过亲信告诉部属赶快自动调整,不要在"是或不是"上面浪费时间。

不明言彼此都有面子,以后相处会更加融洽。一旦明言,就有撕破脸的可能,彼此心中有疙瘩,到了紧要时刻,很可能产生反叛的念头,说不定招来大祸。

随时随地自我激励,加上随时随地彼此不明言的互相激励,运用得合理,可以保持恒久的情绪稳定,对提升生产力和竞争力甚有助益。

先求忠诚再求能力

中国式的激励,随时随地以不同的方式进行着。而主要目的,则在发现忠诚可靠的人,以便多加关心和照顾,建立可以依赖的班底。

如果我们询问高阶层人士："用人标准是什么？"通常的答案都是："没有什么啦，肯干就好。"乍听之下，好像中国主管用人，首重部属是否肯干，实则完全不是如此。

肯干的含义，包括能干在内。一个不能干的人，越肯干大家就越倒霉。因为他可能越帮越忙，弄得许多人要替他收拾残局，浪费了许多人力，耽误了许多时间。

中国人最害怕"不能干的人，还要充能干"，常常寄望大家应该"称称自己的斤两"，不要"光占位置不做事"。万一果真发生这样的情况，我们还盼望他"少做一些，少管一些"，以免制造更多的困扰。

可见中国式管理和西方式管理一样，都重视"能力"，不过不主张"能力本位"而已。

进一步请教高阶层人士："用人的标准是肯干，那么忠诚可靠又如何？"答案充分表现中国人"不明言"的沟通精神:"那还用说吗?那是不用说的。"

中国人往往将"最要紧的放在心中",叫作"心中有数",嘴巴上只说一些不重要的,甚至没有用的话。不用说的"忠诚",远比说出来的"肯干"实际上重要得多。不了解中国人的人,怎么能够通过"访问""问卷"等方式,来调查、分析、说明中国人的真正想法呢?不是高阶层人士故意说得好听,而是民族性使然。

儒家最讲究的,便是一个"诚"字。部属的动机和信仰,对主管而言,当然比他的行动来得重要。中国主管不敢轻易相信部属,却又非相信不可,因此多半以"将信将疑"的态度来考验部属。凡是经得起考验的,才相信他;否则另当别论。而考验的重点,放在"动机纯正与否"和"信仰是否坚定"上。两者缺一,大多经不起主管的考验,不能责怪主管不信任他。

诚不诚?从忠不忠来考察,似乎最为方便。"忠

"诚"二字,于是成为可靠的先决条件。主管从部属的忠诚程度,可以预先测试出他的可靠与否,好像是一条简易有效的途径。西方人讲忠诚,是对"事"而言;中国人讲忠诚,指对"人"的比重远大于对"事"。一个人敢公开声明"不对任何人忠诚,只对工作忠诚",等于公开宣布,随时可以由于工作的需要而背叛所有的人。

忠诚和能干的组合,有四种:"既忠诚又能干""只忠诚不能干""不忠诚却能干"以及"不忠诚不能干"。

由于"忠诚"属"德"而"能干"为"才",所以我们简称为"有德有才""有德无才""无德有才"以及"无德无才"。中国式管理,以"有德有才"为第一等人才,"有德无才"为第二等人才,"无德无才"为第三等人才,而以"无德有才"为第四等人才(见图7-1)。居于"德本才末"的准则,有德(忠诚可靠)者列为第一、第二等,无德(不忠诚、不可靠）者列为第三、第四等。同样有德，当然重用有才（能干肯干）的人，若是一样无德，那就选用无才（不能干、不肯干）的人，比较不会惹事、闯祸，令人较为放心。

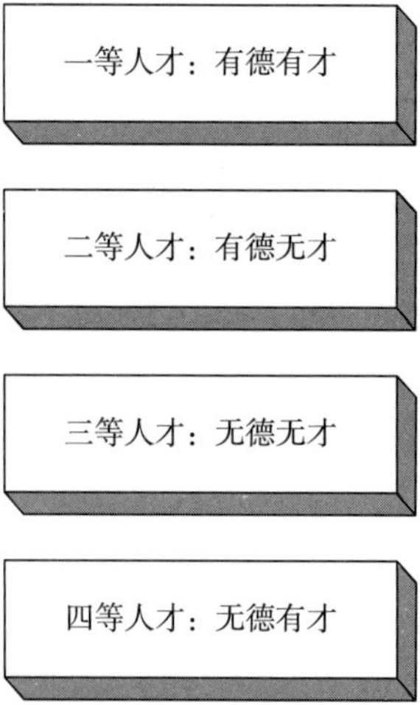

一等人才：有德有才

二等人才：有德无才

三等人才：无德无才

四等人才：无德有才

图 7-1　四种不同等级的人才

中国社会，常见"无才"的人居高位、担重责。仔细分辨，其中有"有德"的人，也有"无德"的人。有德的人，取其忠诚可靠，虽然没有能力，找一些能干的部属，照样可以补足。无德的人，取其不能干又不肯干，想做坏事也做不出来，比较不用担心与操心。

有能力的人，经常受到各种打压，主要是上面的人对其很不放心。每过一段时间，总要叫人试探一下，看看他安不安分，有没有不良的企图。在中国社会，有能力的人很不容易出人头地，便是因为缺乏"潜龙勿用"（先遮掩一阵子）的素养，在没有弄清楚周遭的环境之前，便轻举妄动，贸然把自己的能力表现出来。一旦引起疑惧，很不容易摆脱"非主流"的色彩，终于不得已而被逼上梁山，与主流为敌。幸运的遇上"招安"，不幸的只好以乱世为借口，半隐半现，以求"自安"了。

中国人一向主张初出茅庐的年轻人，最好"多看、多听，少开口"，便是希望有能力的人，不要过分相信书本上的理论，以为真的"书中自有黄金屋，书中自有颜如玉"，忽略了社会的特殊性，以致"一开口便成烈士"，从此过着被放逐的生活，而苦恼不堪。

孔子说："人不知而不愠，不亦君子乎！"即在针对"喜欢出名，不做平凡的人；有一点能力，马上想表现出来"的人性弱点，劝导年轻人不要随便露出锋芒，以免不小心得罪了权贵人士，弄得一生坎坷，阻碍重重。就算怨天尤人，也是枉然！

有能力的人，必须"君子藏器于身，待时而动"。有能力是相当难得的，不能轻易表现，以免害死自己。有器在身，还要待时才可以动。那就是先让上级觉得忠诚可靠，然后才相机表现，自然青云直上，仕途顺畅。

说到这里，有人就会产生误解，以为表现能力之前，必须善于逢迎、讨好上级，打乖乖牌，而不知这些正好是不忠诚、不可靠的标志,千万不要因为这种错误的见解而耽误了自己的大好前程,以免徒增悔恨。

忠诚可靠的坚实基础,在"不完全听从上级的指示",也就是孟子当年所说的"事君的义,不要顺"。孟子论部属的人格,分为四级,以专图讨好上级的部属为最下级。认为上级有过失,不加以谏阻,还是小罪。如果有意承旨,在上级尚未有某种过失时,便曲意奉承,想出许多讨好的点子,使上级犯过,那就更加罪大恶极。

不要顺的意思,并不是"要不顺"。存心不顺从上级的旨令,等于叛逆,当然不忠诚也不可靠。不要顺的主旨,在"不要以顺为主要的态度",以致应该顺的和不应该顺的,都不加辨别,而盲目地顺从。

忠诚可靠对个人而言,是一种"信用度",必须依靠自己的行为表现,一点一滴累积起来。不要顺从是适当地坚持自己与上级不同的意见，从合理坚持中建立自己的信用度。完全顺从根本不负责任，当然不可靠；盲目坚持易流于刚愎自用，不忠诚；所以不要顺从最合理。

逐渐提升安、和、乐、利的层次

把忠诚可靠而又具有能力的人组合起来，还需要进一步用安和乐利来激励大家，由利而乐，更提升到和与安的层次。

第一章所说人生最高目标在求得安宁，而管理的最高目的也在安人，足以说明安和乐利的层次性，以利为基础，却把安放在最上层。

《论语·里仁篇》有一句话："君子喻于义，小人喻于利。"意思是修养良好的人，乐于追求义理；

而修养较差的人，乐于追求利益。想不到被后世儒者不小心加以二分化，弄成"义利之辨"。好像管理只能讲义，不可言利，以至于管理者也跟着口是心非，说什么不重利益。

不错，孔子认为一个人如果一味追求利益，必然会招致许多怨恨（"放于利而行，多怨"）。但他也不讳言，政府顺应民众的期望而给予利益，是一种美德（"因民之所利而利之，斯不亦惠而不费乎"）。

可见孔子所反对的，只是"不合义的利"；对于"合义的利"，他不但不反对，反而加以鼓励。前者的代表是"不义而富且贵，于我如浮云"，后者的陈述，则为"富而可求也，虽执鞭之士吾亦为之"。

中国式管理，不必不敢言利，也不必完全排斥功利主义。只要不是"暴利""邪利"这种不合于义的利益，只要是合乎义理的"合理利益"与"正当利益"，当然可以公开表明，全力追求而问心无愧。

"合义的利"说起来相当抽象,不够具体,也不容易了解。我们常说的"安和乐利",相当清楚明白,把合义的利描绘得十分具体而易于查验、考核。

首先,管理所追求的利益,依程度的高低,可以分成小利与大利;从价值的判断,可以称为邪利与正利;自其维持的时间短长,可以分成近利与远利;而按其所得的多少,也可以分为暴利与当利——应当获得的合理利益。目标光明正大的团体,其组织目标,自应以大利、正利、远利与当利为规范,不应该因贪图小利而妨害大利,因追求邪利而作奸犯科,因顾及眼前的近利而牺牲长远的利益;因有机可乘而猎取暴利。

其次,在寻求大利、正利、远利与当利的时候,必须预先考虑,获得之后可能带来快乐,也可能会带给大家不快乐。"乐不乐",是确定所要求取的利益之后,所应该事先思考的第二问题。

能够带给大家快乐的利,当然可取;不能带给大家快乐的利，便不可取。问题是"大家"的含意，有广有狭。往往少数人快乐而多数人不乐，对这少数人而言，依然是"大家"。因为在他们心目当中，已经把多数其他成员忘掉了。

为了避免这种"独乐""寡乐"而非"众乐"的缺失，必须再度提升思考的层次，想到"和"的问题。和不和是衡量独乐、寡乐和众乐的最佳指标，因为独乐和寡乐终将引起不和，唯有众乐才能获致和谐。当然众乐并不代表"齐头式的假平等"，却无可否认地追求"立足点的平等"，以免产生"不患寡而患不均"（这个均字也是指真平等而言）的怨叹与怀恨，使大家不能和谐。

和谐很容易掉入和稀泥的陷阱，大家多少分到一些好处，看起来都很快乐。究竟是真的和谐，还是变相的和稀泥？必须提升到第四层次，用"安"来加以评估。能安的和，才是真的和谐；不安的和，就是可怕的和稀泥，把大家麻醉得因循苟且、不求上进，当然会产生不安的后果。

任何利润或利益，只要一层一层往上审问：能不能创造快乐？会不会产生和谐？是不是带来安宁？如果答案都是肯定的，自然合乎义理而可取；若答案之中有否定的，最好赶快深入追究：问题出在哪里？及时调整和补救，才能合乎"修己安人"的要求，达成"安人"的最终目标。

资本主义和民生主义最大的不同，即在前者的思考层次，不及后者那样高远。我们以"利"代表经济层次，企业追求利润，不过完成了经济责任。以"乐"代表社会层次，企业善尽社会责任，意思是在赚取利润之外，尚能使社会大众乐于购买其产品或劳务；重视消费者的权益，不至于制造社会问题。以"和"代表政治层次，企业能造成和谐的效果，无论与同业、异业，都能够和气生财，不恶性竞争或垄断市场，也不到处惹是生非，引起环保、公害的问题，便是善尽政治责任。资本主义的思考层面，到此为止，不再向上提升。民生主义则在利、乐、和之后，必须再往上伸，达到安的境界。我们以"安"代表文化层次，企业一方面对内求安，使同人在安居乐业之际，同等重视安定与进步。不以进步而妨害安宁，也不因安定而逐渐腐化而导致不安。一方面对外求安，由己安推及众安，这样的企业家，不但不被大家指责为"金权"，也不被大家误解为"金牛"。前者泛指与政界勾结，后者则是用钱换取政治地位。内外俱能安宁，才是善尽文化责任（见图 7-2）。

中国人主张"修身、齐家、治国、平天下"，不但不对外国施行军事侵略、外交侵略、经济侵略或政治侵略，而且要以"四海之内，皆兄弟也"的胸襟，来安天下的百姓。唯有以"安"为管理的最终目标，才符合中华文化的要求。中国式管理必须以安和乐利为参考标准，才算是善尽文化责任。换句话说，只要确实做到安和乐利，才是纯正的中国式管理。

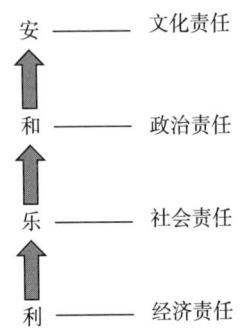

图 7-2　不同层次代表不同责任

管理者是否达成这一个要求,可以从"是不是活在众人的心中"查核出来。"为自己活"是"个人主义"自绝于他人的主张,充其量不过"独善其身"。"为别人活"是"集体主义"为他人自绝的想法,实在太委屈了自己。中国人擅长"兼顾",既然能够"全方位"思考,当然可以一方面为自己活,一方面为别人活,走出一条"在群体中完成个体"的大道,不偏于己,也不偏于人。

一个人应该保有独特的风格,却应该活在他人的心中。己安人亦安,既拥有个人的自由,又契合团体的需求。这样的理想,可以说是安和乐利的具体效果。中国人主张"不忘本",管理者必须把握自己文化的"根",所以要冷静地检讨是否善尽文化责任,是不是"活在员工心中",有没有确实做到安和乐利。

由安员工而安顾客

真正的激励效果,应该是安顾客。因为顾客能安,自然爱用我们的产品,时时不忘赞扬公司的声誉,形成良好的口碑,对公司有很大助益。

但是，顾客安或不安，取决于顾客的满意度，满意度越高，自然越能安。

顾客的满意度，来自员工的满意度。员工越满意，便会更加努力工作，服务好顾客，顾客也就跟着十分满意。

由此可见，安顾客必先安员工。

面临"变化多端""日新月异"的变动时代，经营事业，必须拥有因应环境的策略，以制造有利的条件，有效达成预期的目标。

所谓"策略"，便是"达到目标所采取的行动途径"。中国式的经营策略，自古以来，即为"安内攘外"，一方面内修政事，一方面外攘夷狄。内外兼顾，才能富国强兵。用今天的话来讲，叫作"内安员工，外安顾客"，如何内外俱安，成为主要的经营策略。

对外以"顾客第一"为最高指导原则，所有措施，必须通过"安顾客"的测试标准，务求顾客满意。

对内以"员工第一"为最高考量标准,一切施为,莫不以"安员工"为准则,力求员工满意而以厂为家。

如果内外碰在一起,追问究竟谁才是第一,这时候拿"兼顾并重"做平衡的尺度,提出"顾客至上,员工第一",相信必定能内外皆大欢喜。

广义的顾客,必须扩大为客户、各级政府、民意代表、新闻界、社会领袖以及一般大众,才能全面顾及而不致顾此失彼。安顾客的策略,主要有下列十大项目:

1. 合理承担社会责任,包括精神和物质双方面;
2. 实施有效的管理,以增进各界人士的信心;
3. 订立明确的社会目标,作为组织同人努力的方向;
4. 表现优良的组织形象,以获得各界的信任;
5. 扩大对社会的良性影响,以争取各界的欢迎;

6. 提供诚实的榜样，诚信地面对消费大众；

7. 预先宣示未来的变革，使大众得以顺势因应；

8. 善用有限资源，提高附加价值；

9. 促进社区正常发展，合理回馈所在的社区；

10. 发扬本土文化，使大众以中华文化为荣耀。

这十大项目统合起来，便是"正大光明"。以正大光明的经营策略，在不引人怀疑的大前提下，进行各种经营活动，便是大家心目当中的"做好事"，当然普遍受到欢迎，不会引起顾客、各级政府、民意代表、新闻界、社会领袖以及社会大众的不安。

广义的员工，同样应该扩大及于股东、员工、供应厂商及销售人员，虽然立场各有不同，但是彼此利害攸关，都希望获得真实的友谊与支持，来巩固自己的地位，并且促进相关活动的有效施行，所以应该做到下述十大项目。

1. 建立合理的管理制度，确立人与人、事与事以及人与事之间的规范,使合适的人办理合理的事。

2.采用人性化管理,依"情、理、法"的结构,先由情入理,不得已才翻脸无情,依法办理。

3.以忠诚的服务来提高组织的信誉,使组织成员认定"这是一个同甘苦、共患难、荣誉分享、责任分担、共存共荣、互利互助的利益共同体"。

4.用和平的态度来以让代争,从礼让为先,合理地当仁不让,以期让来让去,让给最合理的人,来办理合理的事。避免恶性竞争,造成不择手段的不良气氛。

5.以维持彼此的安宁来增进大家的幸福,明辨是非,还要进一步顾及每一个人的面子;追求公平,也要乐于接受合理的不公平;相安无事,却能日趋亲密互助。温暖和睦的组织,才能在安宁中获得幸福。

6.用适宜的行动表达个人的好意,也就是动机良好,照样要讲求合理的方法。所采取的方法不适当,就会造成"不合理的好意",必须极力加以避免。

7.以合理的沟通达成有效的领导,在"思想会合"及"共同了解"的情况下,建立共识,以期组织成员群策群力,自动自发地向预定的目标积极迈进。

8.善尽个人最低限度的义务,一是要自食其力,做好自己应该做的本分工作;二是必须小心警惕,不做伤及安宁的事,也不说伤害安宁的话;三是应该约束自己的言行,以免妨害组织的正常运作与发展;四是必须时常反省,有过失马上改正,同时坚持不重复发生错误;五是要把个人的欲望导入正途,不任其误入歧途;六是要力求充实自己的知识和技能,时时充电,以提升自我。

9.以民主参与的原则,依集体的意见来做决定,这种"团体决定",才能集众智以为智,合群力以为力,提高同人的责任感、认同感和参与感。

10.坚持壮士断腕的果断作风,对于"害群之马"的不良分子,若是屡次劝告无效,拒绝与组织妥协,组织就应该施展铁腕政策迫使其屈服,如果再无效时,就要更进一步壮士断腕,忍痛将其逐出团体。

以上十大项目综合起来,可以用"诚信和平"来加以总括。在不伤和气的大原则下明辨是非,才能充分发挥"和为贵"的力量。

对外"做好事",对内"和为贵",成为内外兼顾的主要经营策略。根据这种策略,首先要进行组织体系的改革,包括新设、收买、合并、废止等,以求配合主要经营策略而脱胎换骨,焕然一新。

组织调整之后,必须分别从"事业""实力"和"成果"三方面来改造。"事业"是组织的生命,也就是提供顾客满意的产品或劳务;"实力"是组织的力量,包括人员和组织力;"成果"则是组织的血液,使组织得以补给而生生不息。

有生命,还要有力量,才能从事必需的活动。能活动,还需要持续不断地营养补给,才得以持久地运作。这三方面构成一个整体循环系统,在相互影响下不断互动,产生若干变化。如果变化适宜,便是进步;若是变化得不得宜,即为退步。

互动的策略,不外乎"一方面调整过去做法,一方面适应未来的变化",以求得合理改变。这种种改变,一方面带来若干机会,另一方面也免不了带来危险。当经营策略要付诸实施时,最好预先考虑:如何变化,才能切合时宜?什么时候变化,才是把握良机?面对变化时,必须采取什么态度,才能减少阻力而增加助力?因此,了解现况,仔细加以分析;预测未来,掌握可能的变化;充分沟通,以求密切合作,便成为经营策略有效实施的不二途径。

激励大家重视兼顾

激励的具体表现,莫过于实际上的升迁。

升官发财,在中国人心目当中,永远是连体婴,合在一起。

恭喜升官,是公开的明话。这下子发财了,则是不明言的暗话,大家心知肚明。

就个人的立场来说,应不应该升迁,是不是已经到达"无能级"?有没有"再造"的潜能,固然是上级的考量,而渴望获得升迁的机会,则纯属自己的心理需求。往往你看不应该,我却认为这是主观的看法,不公平。认为我的能力已经晋升到顶,再上去势将无能为力,不可能把工作做好,我也不以为然,因为没有尝试过,谁敢认定?给我机会,我自然好好表现。至于再造的潜能,既然称为"潜",那就什么人也看不见,何况"先潜后现",

是中国人最擅长的本领之一，到时候令人震惊，才是真的具有潜能。

中国人对于升迁的态度，大致是这样的：我不会强求，然而应该给我的，我可能当仁不让。我不来拜托，希望你能够主动想起。我可以谢绝，但是上级不能不考虑到我，否则多么没有面子。我不一定要升迁，可是面子不能不顾。我不在乎让给别人，至少要尊重我一下。如果连这些基本的动作都没有踪影，那未免欺人太甚，过分看不起我了。

升迁是可以"想"的，现代人喜欢做梦，内容以"发财"为第一优先，其次好像就是"升迁"。因为历史的记载以及现实的现象都告诉大家"官久自富"。平日一直喊着"清廉""清苦"，一旦申报财产，原来房屋有好几幢，不知道从哪里来的，使人不得不相信"升迁也是一种致富之道"，而乐于常做梦。

"想"了之后，若是期望"心想事成"，下面有三个要诀,是有效的途径(见图7-3)。

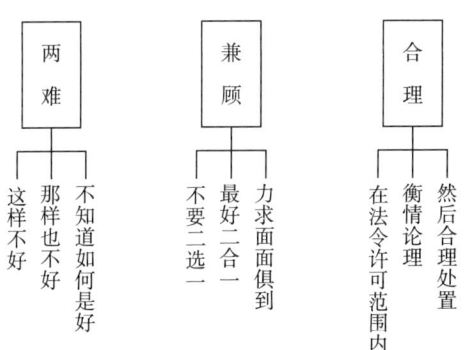

图 7-3 中国式管理的六字真诀

第一,把自己的本分工作做好,还要找时间替上司分忧分劳。一个人只能把本分工作做好,根本没有多余的时间去探望上司,陪他聊天,替他分忧分劳。上司看在眼里,心里已经十分有数:"这个人显然被现在的职务弄得精疲力竭,不可以再考虑让他升迁了。"

一个人若是本分工作没有做好,却一天到晚挤在上司身边,陪他聊天,常常问他:"有没有什么需要我帮忙的?"大家一定骂他"拍马屁",而上司也觉得奇怪:"不去做事情,老在这里转来转去干什么?我敢叫你帮忙,难道不担心你帮倒忙?"

工作做不好,还想替上司分忧分劳,是典型的小人行径,为君子所不齿。

工作做得好,却不知道替上司分忧分劳,是自绝于升迁的大道,不能责怪上司,必须自我检讨。

懂得"兼顾"的人,一方面把本分工作做好,让上司从"放心"到"赏识";另一方面会借着请示、报告、聊天的机会,为上司分忧分劳,暗示他不但有余力可以办事,而且对他忠诚、关心,值得信托。

上司在赏识之余,加上常常临时交办各种事宜,逐渐产生信赖感。彼此的关系越拉越紧,一旦出现升迁的机会,自然会优先考虑,甚至极力推荐。

第二，善于体会上司旨意，帮助他达成正确决策。部属只知道凡事都向上级请示，上司就会觉得这个人不是不喜欢动脑筋，便是害怕负责任，用请示来把责任推给上司。而且请示时常表示自己的无能，因为不懂得怎样做的人，才会处处有问题。可见经常请示的部属，获得升迁的机会并不大。

相反地，自己很有把握，并且口口声声"自己负责"的人，其实最令上司担心害怕。首先他会觉得"这个人目中无人，自视太高，很容易出差错"，其次则认为"擅自做主，表示心目中根本没有上司的存在；既然他看不起我，我又何必照顾他"，同时"他要自己负责？真是天大的笑话！他也不自己照照镜子，他能够负什么责任？结果还不是我倒霉"。有能力的人常常失去上司的信任，表面上看，好像上司患有"妒才症"，实际上部属自己"功高震主"，当然死路一条。

中国人"兼顾"的智慧，表现在"自己有把握，却应该尊重上司的裁决权"。我必须自己负责，但是事先要获得上司的许可。

脑袋空空便跑去请示，是开自己的玩笑，让上司看不起。有了主意就擅自做主，是忽视了上司的决策权力，势必引起上司的不满和不安。如果动脑筋，想到好点子之后，带着腹案去请示。先把自己的想法说出来，提供上司思考的方向，供应上司判断的素材，并且尊重上司掌握的权力。这时候上司不费吹灰之力，便能够做出正确的决策。他很有面子，部属又容易执行，对大家都有很大好处。这种人的升迁机会，当然比较大。

第三，在上司面前表现，也要让部属有机会充分发挥。一般人只注意在上司面前表现，不知道同时要把空间让出来，使自己的部属也有表现的机会。于是部属对自己产生很大的不满，背地里讥讽为"表面功夫"，专门卖弄给上面看，难道没有想到，我们从底下看上去，早就把他看穿了？

可是,在自己的上司面前,又让自己的部属表现,岂不是和自己过不去?会不会让上司有一种错觉,认为自己的部属更加能干?哪一天心血来潮,把部属提升起来取代我,对我有什么好处?

其实,这两种看似矛盾的情况,根本是可以"兼顾"的。一方面要让部属表现,让他有成就感,他才肯持续地表现下去;另一方面也要保留自己表现的机会,让上司体认自己的能力,才有机会再升迁上去。

最好的方式,是和部属建立默契,采取"区隔"的原则:上级不在场,尽量让部属表现,自己则扮演辅助者、评估者、激励者的角色;上司在场时,由自己来表现,希望部属提高忠诚度和配合度,全力证明主管的能力和魄力,才符合"养兵千日,用在一朝"的精神。平常时期,只要时间许可,尽量让部属去表现,从工作中增进部属的能力,加强他们的信心;一旦紧急,时间不许可,才挺身而出,身先士卒，做出有效的决定。

以上三要诀，主要在"兼顾"。不但要顾及上下之间的关系，而且要顾及左右之间的运作。上下左右面面俱到，助力多而阻力小，当然升迁有望，而且实至名归。

情境配合激励大家随机应变

中国式管理重视依理应变，要求也在时时变得合理。随机应变成为人人必须学习的主要项目，值得一辈子追求和练习。

要激励大家养成随机应变的好习惯，我们在升迁的时候，常常采取情境配合的方式。既不完全制度化，当然也不致自由到毫无章法。

我们常常把获得升迁的人，称为"国王的人

马",表面上有恭维的味道,意思是"自己人嘛,当然升得快些"。实际上相当不满,甚至认为"升迁得毫无道理"!

为什么觉得没有道理呢?因为看不出任何原则,说不出升迁要项的所以然来。其实,这些都是随便说说的抱怨话。真实的感觉,来自"没有提名我,没有升我的官职,那就是不公平,当然毫无道理"。

请看,被批评、受指责的领导们,丝毫没有羞惭的表情,不但不承认什么国王的人马,而且认为自己对于升迁,费一番心思,动一些脑筋,有原则,更有要项,最起码是"一片公心,毫无一己之私",大家还抱怨什么呢?好在身为领导,自然具有"羞辱、谩骂由他,好官我自为之"的修养。民主时代官员挨骂,只不过是"化暗为明"罢了。

以上的描述,几乎是中国社会每一次新官上任、罢官下台时,那种"几家欢乐几家愁"的写照,看起来既腐化又落伍。然而，几千年来丝毫没有改变，可见其背后必有坚强的支撑理由，才能历久常新，代代相传。

首先，升迁应该有原则，却不应该有固定的原则。 董事长如果明确订立公司的升迁原则为内部升迁，马上引起自己人的自相残杀，最常见的情况是中上职员联合起来，把最好的同人逼走。因为不把最好的赶走，大家永远没有希望。若是明确表示以外聘为原则，那么公司内部就会团结起来拥戴自己的同人，联合抵抗外来的"空降部队"。因为，此时再不团结，真是"去此一步，便无葬身之地"了。中国人擅长"上有政策，下有对策"，所以不可以明确宣示原则或政策。

汉族的规矩是"传给长子"，偏重年资而不考虑能力。万一长子不贤明，朝政就一塌糊涂。清代采取相反的主张，"传给儿子中最有能力的人"，结果兄弟残杀，为了表示自己最有能力，当然要杀尽所有的兄弟。可见十全十美的原则实在难找。中国人重视"兼顾",便是看到所有原则,几乎都有利有弊。

其次,升迁不应该有固定的原则,却又不能不订立一些原则。所有原则,都是不得已而设的。

升迁是"十目所视,十手所指"的事情,怎么能够"暗箱作业",不透明化也不明确化呢?

不说原则,大家指称"根本没有原则,完全居于个人的喜好"。虽然大家心里都很清楚:职位愈高,愈不敢开自己的玩笑,乱升迁、滥用自己人,不怕搬石头砸自己的脚?然而,我们宁愿取笑不说原则的人为没有原则,作为"没有获得升迁时"的"苦中作乐",彼此都轻松一些,何乐不为?

一说出原则,大家就说它是"为某人量身定制的标准"。每当有原则或要项宣示时,当事人已经若隐若现,大家当然很不服气:"这算什么原则?干脆指定人好了。"绑标、围标,也不过如此。

"说也死,不说也死",再度获得证明。既然要担任领导,就要有勇气,够担当,所以硬着头皮说一些好听的原则,反正"说归说,做归做",有什么了不起!

为什么一开始便抱持"说归说,做归做"的心态呢?因为"任何原则,初听起来,都有相当的道理。只是不能太过强调,也就是不可以过分坚持,否则就会产生偏差,造成错误的结果"。

说到差不多的地步?做到差不多的程度,这才是良好的策略。好在中国文字和中国语言的弹性很大,正好配合这种需求。

领导所说的原则,受惠的人都认为够明确,而且坚持得很彻底,一点也不含糊。没有获得好处的人,则挖苦既然是度身定做的衣服,当然合身,还有什么话说?

严格评核起来,没有一个原则是百分之百贯彻到底的,这也是"说归说,做归做"的另一种无可奈何的命运。自古以来,为什么一直说"清者自清,浊者自浊",便是很难客观地判明到底是清是浊。

第三,升迁的原则,是配合当时的情境,做通盘的考虑,以摆平的心情,自行拿捏其中的利害。

这种实实在在的原则,叫人怎么说得出口?又如何能够公开化、透明化?可做、不可说,就是这种状况。

中国人向来主张"妥当性大于真实性"。所以,升迁的原则,其实大家心知肚明,偏偏就是说不出来;因为它固然真实,却实在不能妥当地说清楚。

配合当时情境,当然很有必要。但是情境不但是变动的,而且是相当主观的。有时候能力比较重要,有时候可靠性更加要紧。有些人非酬谢他不可,有些人则不加以惩罚不可。这些事情,看法本来不一,怎么能够明言呢?职位越高,所牵涉的情境越复杂,越说不清楚。

做通盘考虑,也是领导居高位的一大难处。别人可以就此事论此事,领导则必须"把此事与那事一并思考"。职位越高,涵盖面就越广,和中间或基层人员的看法,当然不一样。因此其考虑的结果,也很难明白地沟通。

"为什么把我换掉?我做错了什么?"问这话的人,固然理直气壮,因为他的确兢兢业业,十分努力。

"做得好的人不一定不换,做不好的人不一定马上撤换。"领导能够说这种真实话吗?能够让部属明白这样才叫作通盘考量吗?

摆平心态,尤其重要。一旦摆不平,后遗症十分严重,再正确的升迁,也会带来不良的后果。然而,摆平的话一旦明说出来,就会引起更大的不平,这也是大家只肯放在心内,始终不愿意坦白承认的事情。

看来中国人一直把"利害"放在前面,"道义"二字,不过是说说罢了。其实不然。真正懂得利害的人，会根据中国人"安和乐利"的道统，把利害放在安和乐的下面，以能安的利害为诉求，摒弃可能不安的利害，那就利多于弊、近于合理了。

升迁的要项本来就不是单一、固定的，必须配合情境的需要、全盘的要求，以及摆平的局面。大家对领导的升迁作风，永远有褒有贬。要紧的是，主其事者必须立公心，站在"安人"的立场来考虑，经得起大家的考验。一阵子风风雨雨，终究会带来风和日丽的好日子。